# Ressourcen aktivieren

**Ratgeber zur Reihe Fortschritte der Psychotherapie**
**Band 58**

Ressourcen aktivieren

Prof. Dr. Ulrike Willutzki, Prof. Dr. Tobias Teismann

Ulrike Willutzki
Tobias Teismann

# Ressourcen aktivieren

## Ein Ratgeber für mehr Wohlbefinden und Resilienz

hogrefe

**Prof. Dr. Ulrike Willutzki,** geb. 1957. 1978–1985 Studium der Psychologie in Bochum und Berlin. 1986–2013 Wissenschaftliche Mitarbeiterin bzw. Angestellte am Lehrstuhl Klinische Psychologie der Ruhr-Universität Bochum. 1989 Promotion. 2000 Habilitation. Lehrstuhlvertretungen an den Universitäten Siegen und Bochum sowie der University of Chicago. Seit 2013 Universitätsprofessorin für Klinische Psychologie und Psychotherapie an der Universität Witten/Herdecke.

**Prof. Dr. Tobias Teismann,** geb. 1975. 1996–2002 Studium der Psychologie in Mainz und Bochum. 2003–2006 Weiterbildender Studiengang für Klinische Psychologie und Psychotherapie (Schwerpunkt Verhaltenstherapie) in Bochum. 2004–2012 Wissenschaftlicher Mitarbeiter in der AE Klinische Psychologie und Psychotherapie Ruhr-Universität Bochum. 2009 Promotion. Seit 2012 Geschäftsführender Leiter des Zentrums für Psychotherapie der Forschungs- und Ausbildungsambulanz der Ruhr-Universität Bochum. 2017 Habilitation.

**Bibliografische Information der Deutschen Nationalbibliothek**
Die Deutsche Nationalbibliothek verzeichnet diese Publikation in der Deutschen Nationalbibliografie; detaillierte bibliografische Daten sind im Internet über http://dnb.dnb.de abrufbar.



Hogrefe Verlag GmbH & Co. KG
Merkelstraße 3
37085 Göttingen
Deutschland
Tel. +49 551 999 50 0
Fax +49 551 999 50 111
info@hogrefe.de
www.hogrefe.de

Umschlagabbildung: © iStock.com by Getty Images / bazilfoto
Satz: Franziska Stolz, Hogrefe Verlag GmbH & Co. KG, Göttingen
Druck: mediaprint solutions GmbH, Paderborn
Printed in Germany
Auf säurefreiem Papier gedruckt

1. Auflage 2024

(E-Book-ISBN [PDF] 978-3-8409-2848-2; E-Book-ISBN [EPUB] 978-3-8444-2848-3)
ISBN 978-3-8017-2848-9
https://doi.org/10.1026/02848-000

# Inhalt


**Vorwort** ........ **7**

**1 Der Ausgangspunkt** ........ **10**
1.1 Von Widrigkeiten und Wundern ........ 10
1.2 Was sind Ressourcen? ........ 11
1.3 Resilienz – Was soll das heißen? ........ 15

**2 Wohin soll die Reise gehen? Ihre Ziele klären** ........ **20**
2.1 Was macht „gute“ oder „wohlgeformte“ Ziele aus? ........ 22
2.2 Der Sprung in die Zukunft: Ihre Lebensziele ........ 28

**3 Anregungen zum Entdecken Ihrer persönlichen Ressourcen und Resilienz** ........ **31**
3.1 Den Blick auf verschiedene Lebensbereiche werfen – die Ressourcenzwiebel ........ 32
3.2 Fokussierung auf Ihre Tugenden und Charakterstärken ........ 38

**4 Ausnahmen, Fortschritte und Sternstunden – Ihre Ressourcendiamanten** ........ **41**
4.1 Die Suche nach Ausnahmen ........ 41
4.2 Ihre Sternstunden ........ 46

**5 Mitgefühl mit uns selbst und anderen – ein Weg zu etwas mehr Sicherheit und Ruhe** ........ **48**
5.1 Etwas mit den Augen einer guten Freundin bzw. eines guten Freundes sehen ........ 50
5.2 Das mitfühlende Selbst ........ 53

**6 Die Ressourcen Ihres sozialen Kosmos** ........ **56**
6.1 Ihr Ressourcenstammbaum ........ 56
6.2 Ihre sozialen Unterstützer:innen ........ 60

**7 Dankbarkeit ........ 65**
7.1 Ein Dankbarkeitstagebuch führen ........ 66
7.2 Einen Dankesbrief schreiben und abschicken oder überbringen ........ 68

**8 Nachwort ........ 70**

**Anhang ........ 71**
Literatur ........ 71
Arbeitsblätter ........ 73

# Vorwort

Liebe Leserin, lieber Leser,

schön, dass Sie unseren Ratgeber „Ressourcen aktivieren"[1] entdeckt haben. Wenn Sie dieses Buch in die Hand genommen haben, befinden Sie sich vermutlich in einer schwierigen oder sogar sehr belastenden Lebenssituation, vielleicht sogar in Lebensumständen, die Sie im Moment verzweifeln lassen. Es tut uns leid, dass Sie es im Moment so schwer haben! Wir möchten mit diesem Ratgeber dazu beitragen, dass es Ihnen besser geht.

Ausgangspunkt unseres Ansatzes ist unser Glaube an Sie und Ihre Möglichkeiten, unser Glaube daran, dass Sie auf Ihrem bisherigen Lebensweg bereits viele Schwierigkeiten und Hindernisse gemeistert haben, dass Sie Stärken haben und diese im Laufe Ihres Lebens weiterentwickelt haben. Wir glauben, dass es sich lohnt, diesen Ihren „Werkzeugkoffer" für die Wechselfälle des Lebens genau anzusehen, und im Einzelnen zu prüfen, wo und wie sich von Ihnen bereits gut eingeübte Fähigkeiten und Fertigkeiten nutzen lassen. Gleichzeitig möchten wir dazu beitragen, dass sich Ihr Repertoire vergrößert und verfeinert, Sie also zusätzlich etwas mitnehmen.

---

1 Nahezu alles, was Sie in diesem Ratgeber an Ideen und konkreten Anregungen zur Förderung und Unterstützung Ihrer Ressourcen und Ihrer Resilienz finden, war nicht unsere ureigenste Idee. Vielmehr haben wir von vielen Kolleg:innen profitiert, die sich intensiv mit diesen Fragen auseinandersetzt haben, und mit denen wir gern, oft und intensiv gesprochen oder deren Beiträge wir begeistert gelesen haben. Manches ist uns dabei so selbstverständlich geworden, dass wir uns gar nicht mehr daran erinnern, wer uns das ursprünglich mitgeteilt hat. So seien an dieser Stelle – sicher unvollständig – nur einige Kolleg:innen genannt, die uns inspiriert haben: Aaron Beck (zur Recovery oriented therapy), Anne Trösken, Arist von Schlippe, Anton-Rupert Laireiter, Barbara Frederikson, Barbara Neumann, Christa Diegelmann, Christine Padesky, Christoph Koban, Christoph Flückiger, Daniel Regli, Emmy Werner, Frank Nestmann, Hilde Haas, Insoo Kim Berg, Jan Schürmann-Vengels, Jochen Schweitzer, Klaus Grawe, Leonie Trimpop, Margareta Isermann, Maja Storch, Martin Seligman, Martin von Wachter, Miriam Deubner-Böhme, Natalie Fromme-Schwarzhöfer, Philipp Victor, Renate Frank, Steve de Shazer, Uta Deppe-Schmitz u.v.a.

Worum geht es im Folgenden?

- Auch wenn wir hier den Schwerpunkt auf Sie und damit Ihre Handlungsmöglichkeiten legen, plädieren wir nicht dafür, sich an zerstörerische Verhältnisse anzupassen oder diese kritiklos hinzunehmen. Gesellschaftliche Verhältnisse sind vielfach schwierig, ungerecht, nicht zu rechtfertigen und unerträglich; parallel zu unserem psychologischen Fokus geht es immer auch darum, Lebensbedingungen und strukturelle Bedingungen zu verbessern.
- Es geht uns auch nicht um eine sogenannte „Selbstoptimierung" im Sinne einer unreflektierten Übernahme fester Vorstellungen bezüglich Leistung, Erfolg, gesellschaftlicher Position oder Attraktivität.
- Es geht uns nicht darum, Ihre Schwierigkeiten zu ignorieren oder zu bagatellisieren. Neben der – oder auch im Anschluss an die – Fokussierung auf Ihre eigenen bereits vorhandenen Ressourcen kann es durchaus sinnvoll sein, Ihre Schwierigkeiten im Einzelnen zu analysieren und daraufhin zu überprüfen, welche Möglichkeiten Sie ggf. selbst besitzen, um diese zu reduzieren.

Wir nehmen also eine Perspektive auf Ihre Stärken und Möglichkeiten ein, weil wir Sie nicht auf Ihre Schwierigkeiten reduzieren oder gar „pathologisieren" möchten. Unser Auftrag in diesem Ratgeber ist es, durch eine deutlich einseitige Ausrichtung auf das Positive, Ihre Aufmerksamkeit auf diesen Bereich zu lenken, ihn somit zu vertiefen, so genau wie möglich zu erkunden und zu nutzen.

Im Mittelpunkt des Ansatzes stehen die beiden Begriffe „Ressourcen" und „Resilienz". Ganz grob verstehen wir unter *Ressourcen* in Anlehnung an den Duden „den natürlich vorhandenen Bestand von etwas, was für einen bestimmten Zweck (...) benötigt wird sowie als Bestand an Mitteln aller Art, auf die jemand zurückgreifen kann" (www.duden.de) – es geht also um Dinge, Gewohnheiten, Fähigkeiten und Fertigkeiten, über die jemand bereits verfügt. Mit *Resilienz* ist Ihre Widerstandsfähigkeit gemeint, d. h. die positive Anpassung an die Umwelt gerade im Kontext von Gefahren und Widrigkeiten (Masten, 2015). Ressourcen und Resilienz befruchten sich gegenseitig: Ressourcen als Werkzeuge einer Person tragen zur Widerstandsfähigkeit bei; diese Widerstandsfähigkeit einer Person ist wiederum eine Ressource, über die eine Person verfügt.

Wie werden wir für die Aktivierung Ihrer Ressourcen vorgehen? Im Kapitel 1 werden wir auf theoretische Vorstellungen aus der Psychologie und der psychologischen Forschung eingehen, die uns dazu bewogen haben, die Stärken und Möglichkeiten von Ratsuchenden als Ausgangspunkt des Ratgebers zu wählen. Bei der Nutzung von Ressourcen stellt sich immer direkt die Frage, *wozu* diese genutzt werden sollen: Ziele als „Leuchttürme" für das Handeln stehen dementsprechend im Kapitel 2 im Mittelpunkt. In den Kapiteln 3 bis 5 werden zunächst Ihre persönlichen Ressourcen im Vordergrund stehen: Wie lassen sie sich entdecken und wie können Sie sie nutzen und bei sich fördern? Ab dem sechsten Kapitel erweitern wir den Blick noch einmal auf Ihre sozialen Ressourcen, sowohl die in Ihrer Ursprungsfamilie als auch die in Ihrem aktuellen sozialen Umfeld. Mit einem Kapitel zu Dankbarkeit als besondere Ressource und dem Nachwort schließen wir das Buch.

Unterwegs werden wir immer wieder auf Forschungsergebnisse eingehen. Parallel dazu werden wir Sie immer wieder ermutigen, da wir wissen, dass die Arbeit an den eigenen Ressourcen und der Resilienz keine Selbstverständlichkeit und auch nicht „einfach" ist.

Witten und Bochum, Februar 2024

*Ulrike Willutzki* und
*Tobias Teismann*

# 1 Der Ausgangspunkt

## 1.1 Von Widrigkeiten und Wundern

Wie schon erwähnt, greifen Sie vermutlich zu diesem Buch, weil Ihr Leben im Moment nicht ganz einfach ist. Damit verbunden sind wahrscheinlich negative Gefühle, irgendwo zwischen negativer Stimmung und Verzweiflung, und damit klare Signale, dass sich etwas ändern sollte. Auch wenn diese Erfahrungen sehr unangenehm sein können, sind sie in gewisser Weise alltäglich, und menschlich – das Leben verlangt uns allen in vielerlei Hinsicht immer wieder einiges ab:

- Dinge funktionieren nicht so, wie wir es erwarten.
- Wir werden unseren Ansprüchen nicht gerecht oder haben uns überfordert.
- Wir verlieren Menschen oder Dinge, die uns sehr wichtig sind.
- Wir haben materielle oder berufliche Sorgen.
- Unsere Gesundheit ist eingeschränkt oder gar grundsätzlich bedroht.
- Wir haben Schwierigkeiten oder psychische Belastungen, die uns einschränken und die Freude am Leben verderben.
- Andere Menschen sind unfreundlich oder greifen uns an.
- Unsere äußeren Lebensumstände sind schwierig.
- Die Welt ist unwirtlich.

Die genannten Widrigkeiten sind normal und unumgänglich, leider ist die Welt oft auch nicht gerecht. Uns bleibt also gar nichts anderes übrig, als dies grundsätzlich zu akzeptieren und irgendwie damit umzugehen. Mit der Erwartung, dass das Leben einfach und gerecht sein sollte, laufen wir leider gegen die Wand. Diese Haltung einzunehmen, ist nicht immer leicht zu ertragen und schöner wäre es oft anders.

Man könnte nun argumentieren, dass dies eine pessimistische Grundhaltung ist: Doch das ist es nicht. Vielmehr ist es insgesamt beeindruckend, wie erfindungsreich und vielseitig Menschen mit diesen Widrigkeiten des Lebens insgesamt umgehen, was sie aufbauen, wie sie sich immer wieder aus dem Sumpf ziehen, wie sie lernen und weiterkommen. Dabei sind oft nicht die großen Aufgaben, sondern die kleinen Schritte – die sich dann zu langen Wegen zusammensetzen – entscheidend. Die Forscherin Ann Masten, die sich insbesondere mit der Entwicklung von resilientem Verhalten oder Widerstandskraft im Lebenslauf beschäftigt hat, spricht in diesem Zusammenhang von „ordinary magic“ – das lässt sich, und so soll es hier zunächst getan werden, mit „alltäglicher Magie“[2] übersetzen (Masten, 2015). „Alltägliche Magie“ meint, dass wir trotz alltäglicher Widrigkeiten oder auch traumatischer Erfahrungen echte Wunder schaffen: Wir halten uns in vielen Situationen ganz gut, es geht uns trotz der Unmöglichkeiten des Lebens einigermaßen, wir entwickeln automatische Reaktionen, die uns selbstverständlich erscheinen, wir lernen aus den Widrigkeiten des Lebens. Wir bauen uns so also Ressourcen auf und eignen uns resilientes Verhalten an. Jeder Mensch ist dazu fähig. So meint beispielsweise Frank Nestmann (1996), dass noch in der schwerstgeschädigten Person und in völlig gestörten Verhältnissen Ressourcen zu finden sind, mit denen sich Menschen und die Verhältnisse in eine gute Richtung entwickeln lassen. Das heißt nicht, dass man sich nicht manchmal überfordert fühlen kann, dass es einem zu viel wird, und es heißt auch nicht, dass es sich nicht lohnt, dafür zu kämpfen, dass die Welt besser wird.

Mit dem Blick auf Ihre „alltäglichen magischen Fähigkeiten“, die Sie ganz sicher haben, werden im Folgenden Ihre Handlungsmöglichkeiten in den Blick genommen.

## 1.2 Was sind Ressourcen?

Angenommen, alle Menschen haben Ressourcen und damit Möglichkeiten, sich weiterzuentwickeln bzw. ihre Umwelt in günstigerer Weise zu gestalten. Das gilt auch für Menschen mit ausgeprägten psychischen und/oder körperlichen Beeinträchtigungen. Manche Psycholog:innen gehen davon aus, dass jeder Mensch bereits über alle Ressourcen verfügt, um seine Probleme zu lösen – und diese Ressourcen in Beratung und Therapie „nur“ zu aktivieren sind. Andere Expert:innen meinen eher, dass die Ressourcen, über die Menschen bereits verfügen, zwar einen wesentlichen Beitrag zur Bewältigung von

2 Im Englischen hat das Wort „ordinary“ neben alltäglich noch eine Reihe anderer Bedeutungen. Es bedeutet gleichzeitig auch üblich, einfach, normal und durchschnittlich. Diese Nebenbedeutungen werden uns später noch begegnen.

Schwierigkeiten leisten, dass jedoch auch noch äußere Ressourcen dazukommen sollten, um mit den Herausforderungen des Lebens gut umgehen zu können. Solche äußeren Ressourcen können beispielsweise unterstützende Beziehungen zu anderen sein oder auch Ideen zur Veränderung, die im Rahmen einer Psychotherapie oder in diesem Ratgeber vermittelt werden.

Auf jeden Fall setzt eine ressourcenorientierte Perspektive auf Selbsthilfefähigkeiten und Eigenaktivität: Menschen mit Problemen werden als Personen gesehen, die aktiv daran arbeiten, das zu bekommen, was sie möchten und brauchen, indem sie passende Methoden aufgreifen, für ihre Zwecke anpassen, neue Konzepte und Alternativen entwickeln und neue Erfahrungen integrieren.

Ressourcen werden von Frank Nestmann definiert (1996, S. 362) als „letztlich alles, was von einer bestimmten Person in einer bestimmten Situation wertgeschätzt wird oder als hilfreich erlebt wird". Das mag sich banal anhören. Es stecken aber wichtige Aspekte in dieser Definition:

- *„bestimmte Person"* heißt, dass wir Menschen uns sehr darin unterscheiden können, was für uns eine Ressource ist,
- *„bestimmte Situation"* meint, dass es sehr auf die konkrete Situation und mit ihr verbundene Ziele und Aufgabenstellungen ankommt, ob etwas eine Ressource ist. Es kommt also darauf an, *wozu* etwas gut sein soll bzw. welche Funktion es hat,
- *„alles"* kann eine Ressource sein, je nachdem wozu es gebraucht wird,
- *„hilfreich"* – darin steckt direkt der Werkzeugcharakter von Ressourcen, und
- *„wertgeschätzt"* meint eher, dass wir spüren, dass etwas gut ist, ohne dass wir direkt sagen können, wozu es denn gut ist.

**Was bedeutet das im Einzelnen?**

- Menschen können sich sehr darin unterscheiden, wie sie auf Probleme zugehen: Während die einen sich speziell und direkt Zeit dafür nehmen, über ein Problem nachzudenken und einen Plan zu entwickeln, lassen andere das Problem erst einmal gedanklich „mitlaufen", nähern sich gedanklich langsam an und entwickeln so eine Haltung dazu – und für jede Person kann dies genau der richtige Weg sein.

- Während beispielsweise eine gewisse Zurückhaltung in einer neuen Situation und in einer unbekannten Gruppe sehr sinnvoll sein kann, ist sie möglicherweise in einem Kontext, in dem eine Person zeigen möchte, was sie kann, eher ein Problem (z. B. wenn sie sich präsentieren soll).
- Selbst Eigenschaften, die allgemein nicht positiv gesehen werden, können eine Ressource sein: So kann es sinnvoll sein, unfreundlich zu reagieren, wenn eine andere Person die eigenen Grenzen sehr stark verletzt oder sogar die Gefahr besteht, körperlich angegriffen zu werden.
- Manchmal wissen wir sehr genau, dass beispielsweise unsere Ordentlichkeit oder unsere Geduld eine Stärke ist, und setzen dies bewusst ein. Manchmal haben wir auch nur das etwas unbestimmte Gefühl, dass wir einigermaßen in die richtige Richtung gehen, ohne benennen zu können, was wir da eigentlich tun.

Wenn es um Ressourcen geht, geht es somit gleichzeitig um das „Wozu“ und das „Wofür“ – um die jeweilige Aufgabe und damit um die Ziele, die Sie jeweils haben: Was möchten Sie erreichen? Was ist Ihnen im Moment wichtig? Was in der jetzigen Situation oder auch generell sollte anders sein, damit es Ihren Bedürfnissen und Ihrem Wohlbefinden entspricht? Daher wird später auf die Zielklärung als wichtigen Orientierungspunkt für Ihre Entwicklung näher eingegangen (vgl. hierzu Kapitel 2).

Hinsichtlich unterschiedlicher Ressourcenbereiche unterscheidet man in der Psychologie häufig zwischen

- *persönlichen oder intrapersonalen Ressourcen:* Damit sind alle Möglichkeiten, Fertigkeiten, Fähigkeiten, Handlungsmuster und Eigenschaften der Person gemeint, die zur Bewältigung von Situationen genutzt werden (z. B. Selbstkontrolle, Sinnfindung, positive Gestimmtheit, positive Konstruktion von Erfahrungen und Optimismus);
- *äußeren Ressourcen:* Dazu werden natürliche, soziale und technische Hilfsmittel bzw. unterstützende Personen in der Umwelt gezählt (z. B. soziale Netzwerke, sozioökonomischer Status, Einkommen, Wohn- und Arbeitsumgebung, der durch eine Situation gegebene Handlungs- und Kontrollspielraum).

In diesem Ratgeber wird sowohl auf persönliche Ressourcen (vgl. insbesondere Kapitel 3) als auch auf äußere Ressourcen – im Sinne unseres sozialen Hintergrundes – eingegangen (vgl. insbesondere Kapitel 6). In vielen Fällen begünstigen sich persönliche und äußere Ressourcen wechselseitig. Beispielsweise können durch eine gute Kontaktfähigkeit leichter persönliche Beziehungen aufgebaut werden, die ihrerseits wiederum mehr soziale Unterstützung bedeuten. Man spricht in diesem Zusammenhang auch von Ressourcengewinnspiralen – entsprechende Aufschaukelungsprozesse werden uns beim Thema *Resilienz* (vgl. hierzu Kapitel 1.3) und auch im Zusammenhang mit positiven Emotionen immer wieder begegnen. Solche Gewinnspiralen beginnen in der Regel mit ganz kleinen Schritten, aus denen sich weitere und immer größere Bewegungen entwickeln – dementsprechend zählt für uns *alles,* was in die richtige Richtung geht.

Weiter oben wurde bereits (kurz) angesprochen, dass sich Personen deutlich darin unterscheiden können, ob sie etwas als Ressource ansehen. Gerade wenn Menschen sich in einer schwierigen Situation befinden und sich nicht gut fühlen, haben sie eher den Eindruck, nichts oder kaum etwas zu können, und meinen, auch nicht über Mittel zur Problemlösung zu verfügen. Sie haben also *subjektiv* – aus ihrer Perspektive heraus – den Eindruck, keine Ressourcen zu haben. Ihr soziales Umfeld – und gegebenenfalls auch professionelle Helfer:innen, die sie aufsuchen, – sehen das möglicherweise anders: Sie nehmen beispielsweise wahr, dass diese Personen tapfer sind, dass sie pfiffig sind, beobachten, wie sie an Dinge herangehen, oder sehen, dass sie in der Lage sind, andere Menschen für sich zu gewinnen. Diese Beobachtungsperspektive bzw. *objektive* Perspektive ist einerseits ganz wichtig, da sie wichtige Impulse geben kann. Andererseits ist aus Studien bekannt, dass es für die aktive Nutzung von Ressourcen besonders wichtig ist, dass Menschen selbst (also *subjektiv*) ihre Ressourcen wahrnehmen. Anders ausgedrückt: Wenn uns klar ist, über welche Werkzeuge wir verfügen, was in unserem „Werkzeugkasten" ist, greifen wir eher aktiv danach und nutzen diese Ressourcen für die Bewältigung von Aufgaben.

Insofern geht es im Folgenden darum, Sie dabei zu unterstützen, Ihre äußeren und persönlichen Ressourcen möglichst genau wahrzunehmen und diese für Ihre Projekte zu nutzen.

**Fazit**

Die Ressourcenqualität von Merkmalen der Umwelt oder der Person selbst hängt ab von den Zielen der Person und den konkreten Aufgaben, um die es geht. Intrapersonelle Ressourcen entsprechen den Fähigkeiten, Fertigkeiten und Möglichkeiten der Person. Externe Ressourcen sind Möglichkeiten im Umfeld der Person. Aus dem Zusammenspiel verschiedener, auch kleinster Ressourcen entwickelt sich im günstigen Fall eine Ressourcengewinnspirale. Wichtig sind vor allem die von der Person selbst (subjektiv) wahrgenommenen Ressourcen.

## 1.3 Resilienz – Was soll das heißen?

„Resilienz" kommt aus dem Lateinischen (resilire) und bedeutet „zurückspringen" oder „abprallen". Im Englischen beschreibt Resilienz die Fähigkeit eines Werkstoffs, nach einer Verformung wieder in seine alte Form zurückzukehren, also „elastisch" oder „unverwüstlich" zu sein. Im Deutschen gibt es keine allgemein gültige Definition für diesen Begriff – er bezeichnet Widerstandsfähigkeit, Belastbarkeit und auch Flexibilität. Resilienz meint also, dass eine Person gegenüber Störungen oder Belastungen von innen oder von außen tolerant ist bzw. sich wieder aufrappelt, nachdem sie vorher in die Knie gegangen ist.

**Resilienz bei Menschen – Eine kleine Geschichte aus der Forschung**

Emmy Werner, eine berühmte Entwicklungspsychologin, hat mit ihren Kolleg:innen alle 1955 geborenen Kinder auf Kauai, einer kleinen hawaiianischen Insel, über etwa 40 Jahre beobachtet. Etwa ein Drittel dieser Kinder hatte sehr schlechte Startbedingungen ins Leben: In ihrem Umfeld gab es Armut, Gewalt, Kriminalität, unsichere Familienverhältnisse, instabile Eltern, Scheidung usw. Und das wirkte sich zunächst auch sehr deutlich aus: Im Alter von 10 Jahren hatten 75% der belasteten Kinder Lern- oder Verhaltensprobleme oder waren bis um das 18. Lebensjahr herum psychisch auffällig oder straffällig.

Als die Forscher:innen die Kinder einige Jahre später wiedertrafen, waren sie sehr beeindruckt: Viele der belasteten Kinder entwickelten sich zu zuversichtlichen, selbstsicheren und lebenstüchtigen Erwachsenen. Zufällig ist solche Widerstandsfähigkeit (Resilienz) nicht. Vielmehr ist sie das Ergebnis vieler persönlicher und sozialer Prozesse. Und diese spielen nicht nur in Kindheit und Jugend, sondern auch im Erwachsenenalter eine Rolle.

Emmy Werner hat diese Menschen später dann als „verletzlich, aber unzerstörbar" (so der Titel ihres Buches) beschrieben. In der Folge gab es viele weitere Studien dazu, wie sich Kinder und Jugendliche unter schwierigen Rahmenbedingungen entwickeln können. Dabei zeigte sich immer wieder bei vielen Betroffenen eine ähnliche „Unzerstörbarkeit". Dieser gelungene Umgang mit sehr schwierigen Situationen wurde unter dem Begriff „Resilienz" zusammengefasst.

Bei Emmy Werner hört es sich etwas so an, als seien manche Menschen resilient und manche eben nicht. Dies ist jedoch nicht der Fall. Die weitere Forschung konnte zeigen, dass alle Menschen auf vielerlei Weise resilient sind, also auch *Sie*. Und auch wir können diese Ergebnisse der Forschung aufgrund unserer Erfahrungen, die wir durch unsere langjährige Arbeit mit Menschen in schwierigen Lebenssituationen sammeln konnten, mit Nachdruck bestätigen.

Das Leben ist insgesamt nicht einfach, alle Menschen müssen von klein auf ständig mit den Widrigkeiten des Daseins kämpfen, z. B.

- beim Erlernen des Laufens als Kleinkind (wie oft fällt ein Kind um und muss sich immer wieder aufrappeln?),
- wenn wir als Jugendliche entscheiden müssen, welchen Lebensweg wir einschlagen wollen – obwohl wir doch eigentlich noch gar nicht wissen, was das bedeutet,
- wenn wir als Erwachsene jeden Tag und immer wieder mit all den Dingen konfrontiert sind, die nicht so funktionieren, wie sie sollen, und die immer viel länger dauern, als wir dachten, oder
- wenn wir als ältere und sehr alte Menschen mitunter starke Einschränkungen erleben und nicht darauf hoffen können, dass diese noch einmal verschwinden werden.

Negative Erfahrungen gehen nicht spurlos an uns vorüber: Es ist durchaus richtig und angemessen, wenn wir uns dann niedergeschlagen, enttäuscht oder auch verzweifelt fühlen, wenn wir uns möglicherweise erst einmal zurückzuziehen oder wenn wir unseren Liebsten etwas vorjammern. Negative Erfahrungen kosten Kraft, enthalten aber auch wichtige Informationen. Ein resilienter Umgang mit negativen Erfahrungen bedeutet einerseits, sie anzuerkennen und negativen Gefühlen nicht auszuweichen; andererseits geht es aber auch darum, zu überlegen, wie man mit den Widrigkeiten umgehen, wie man sich mittel- und langfristig auf sie einstellen und welche Perspektiven man für sich entwickeln kann.

### Fallbeispiel: Frau B., das Augenlicht und ihre Resilienz

Frau B. hat ein großes Problem: Vor dem Hintergrund einer erblichen Vorbelastung verschlechtert sich ihre Sehfähigkeit seit einigen Jahren deutlich. Sie war immer eine sehr autonome Person und hat darauf viel Wert gelegt: So wohnt sie trotz Partnerschaft allein, fährt auch gern allein in den Urlaub und bewegt sich insgesamt mit viel Freude. Sie kann inzwischen viele dieser Dinge schwerlich tun, und spürt deutlich, dass ihre Sehfähigkeit schneller nachlässt. Auch das Lesen, was ihr sehr wichtig ist, geht kaum noch. Sie ist in letzter Zeit sehr von negativen Gedanken gefangen, ist immer wieder einmal verzweifelt und hat das Gefühl, dass die Situation sie überwältigt.

Auch wenn sie sehr mit ihrem Schicksal hadert, hat sie inzwischen angefangen, langsam etwas akzeptierender mit der Situation umzugehen: Sie fragt schon mal eher im Supermarkt, wo sich etwas befindet; halb heimlich geht sie bevorzugt in einen Laden, der Einkaufswagen mit Lupen hat; sie verzichtet darauf, mit dem Fahrrad zu fahren, was ihr sehr schwerfällt, und geht zu Fuß. Mit ihrem Partner spricht sie inzwischen auch ab und an über das Problem, und mittelfristig werden sie wahrscheinlich zusammenziehen. Auch wenn sie es schrecklich findet, hat sie angefangen, die Beleuchtung in ihrem Haushalt umzustellen. Auch gegenüber ihrem nächsten Umfeld kann sie das Problem nicht gerade heraus ansprechen – als ihr das dann endlich gelingt, entwickeln sich hier neue Möglichkeiten (z. B. mal ein Tandem ausleihen, um zusammen Fahrrad zu fahren; sich bekochen lassen etc.). Es fällt ihr sehr schwer, die neue Situation zu akzeptieren. Aber so langsam macht sie genau diese Akzeptanz zu ihrem Ziel. Sie spricht sich selbst gut zu, lässt auch ihre Traurigkeit zu, und versucht anderweitig aktiv zu werden, direkt mit ihren Einschränkungen umzugehen. Auch wenn sie sich ihr Leben anderes gewünscht hätte, denkt Frau B. inzwischen wieder, dass ihr Leben durchaus lebenswert ist.

Wie das Beispiel von Frau B. veranschaulicht, ist Resilienz keine Eigenschaft der Person, sondern ein dynamischer Prozess, der sich aus einer gelungenen Auseinandersetzung mit schwierigen Lebenssituationen entwickelt. „Gelungene Auseinandersetzung“ meint dabei nicht unbedingt „die ideale Lösung“, sondern zumeist eine halbwegs nützliche, vielleicht auch nicht besonders elegant wirkende Bewältigung. Über solche Erfahrungen erweitert sich einerseits der Werkzeugkasten der Person; andererseits kann sie ein gewisses Zutrauen entwickeln, dass sie mit Herausforderungen zumindest mittelfristig wird umgehen können. Menschen mit entsprechend hoher Resilienz greifen in schwierigen Situationen auf verschiedene und immer wieder neue Strategien wie Humor, Optimismus, Entspannung, auch einmal richtig schimpfen oder Ähnliches zurück. Solche Bewältigungsstrategien teilen eine Gemeinsamkeit: Die Möglichkeit eine oder mehrere positive Emotionen – wie z. B. Interesse, Zufriedenheit, Hoffnung oder Heiterkeit – aktiv hervorzurufen und so eine positive Lebensweise aufrechtzuerhalten. Resilienz ist demnach nicht angeboren, sondern erlernbar.

Natürlich können wir nicht alles gut verkraften. *Aber:* Auch wenn es manche Dinge gibt, die über unsere Grenzen gehen – daneben gibt es vieles, was wir hinbekommen haben, trotz und während Schwierigkeiten, wo wir also „resilient“ (gewesen) sind.

**Ressourcen- und Resilienzheft**

Gerade weil es – insbesondere, wenn es Ihnen nicht gut geht – nicht leicht ist, Ihre Stärken und Möglichkeiten wahrzunehmen und diese quasi „festzuhalten“, wäre eine Empfehlung an Sie, sich ein „Begleitheft“ (vielleicht auch, wenn das besser zu Ihnen passt, in elektronischer Form) zuzulegen, in das Sie für Sie persönlich wichtige Ideen und Aspekte eintragen, die Ihnen bei der Arbeit mit diesem Ratgeber begegnen.

Warum ist das sinnvoll? Um etwas behalten zu können, müssen wir diesen Inhalten erst einmal Aufmerksamkeit schenken. Weiter ist auf jeden Fall ein gewisses Ausmaß an Übung und Wiederholung erforderlich. Vor allem aber ist es sinnvoll, die neuen Inhalte möglichst gut auf das, was wir schon kennen, zu beziehen und sie dabei auch für uns passend zu organisieren: Was ist daran besonders einleuchtend oder neu? Was bedeutet es für uns?

Dabei scheint es uns sehr zu helfen, wenn wir die Dinge aufschreiben. So spricht die Forschung aus der Gedächtnispsychologie dafür, dass wir uns alles, was wir handschriftlich aufschreiben, besser merken können. Einerseits scheint unser Gehirn Dinge besser aufzunehmen, wenn wir sie über verschiedene Sinneseindrücke (Sehen, Fühlen, Hören) aufnehmen; andererseits müssen wir, da wir beim Schreiben mit der Hand langsamer sind, schon beim Schreiben Informationen gezielter auswählen und dabei verstehen, worum es geht. So fassen wir Dinge für uns zusammen – passend zu dem, was wir schon wissen, und mit unseren eigenen Worten. Für die meisten Menschen scheint es sinnvoller zu sein, dies handschriftlich zu tun; für einige sind Notizen via Tastatur genauso gut.

Im Regelfall ist es bereits ausreichend, wenn Sie sich 5 bis 10 Minuten Zeit nehmen, um Ihre Ideen zu notieren und in eine für Sie passende Ordnung zu bringen. Damit die guten Ideen nicht ungenutzt an Ihnen vorbeifliegen, fangen Sie sie ein, halten Sie sie wortwörtlich (auf dem Papier) fest und machen Sie sie so zu einem Teil von Ihnen.

# 2 Wohin soll die Reise gehen? Ihre Ziele klären

*„Wer nicht weiß, wohin er will,
muss sich nicht wundern, wenn er ganz woanders ankommt.“*

Mark Twain

Immer wieder werden Veränderungsprozesse mit einer Reise verglichen: Wir möchten weg von einem Ort, hin zu einem besseren, schöneren Ort. Dafür müssen wir erst einmal eine Vorstellung davon entwickeln, was ein Ziel – der „schönere Ort“ – für uns sein kann. Von einer ganz allgemeinen Vorstellung dazu, wo wir gern hinfahren würden, entwickeln wir im Laufe der Planung ein konkreteres Bild davon, was uns dort erwartet. Indem wir uns das so genau wie möglich vorstellen, entwickeln wir Vorfreude und Begeisterung für diese Reise. Wenn wir die Details der Reise genau ausarbeiten, prüfen wir dabei gleichzeitig, ob sich diese Art von Reise für uns lohnt, oder ob wir das Ziel vielleicht noch einmal überdenken sollten. All diese Vorbereitungen bedeuten natürlich auch Arbeit, die wir aber gern bereit sind zu investieren, wenn wir das Gefühl haben, dass sich der Aufwand für das Ziel/das Erreichen des Ziels lohnt. Dabei wissen wir in der Regel, dass dort auch nicht alles perfekt sein wird und wir auch nicht für immer werden bleiben können.

Am Anfang eines Veränderungsprozesses steht also die Frage nach dem Ziel. Diese Frage ist häufig nicht ganz so einfach zu beantworten, da wir manchmal nur wissen, dass wir nicht mehr dort stehen wollen, wo wir im Moment sind. In diesem Kapitel geht es somit darum, die verständlicherweise oft recht vagen Vorstellungen bezüglich Ihres Ziels so zu konkretisieren, dass Sie die weiteren Schritte – Spaß an der Reise entwickeln, Weg und Aufwand abklären, sich dafür einsetzen – vollziehen können. Dabei soll zunächst auf Ihre aktuellen Ziele geschaut werden, ausgehend von den Schwierigkeiten, die Sie bewogen haben, diesen Ratgeber zur Hand zu nehmen. In einem zweiten Schritt wird ein Blick auf Ihre längerfristigen Ziele geworfen. Zielklärung bedeutet (zwar) Aufwand, aber Sie fangen nicht bei null an. Zumindest (vage) Ideen der Ziele sind bei Ihnen garantiert bereits vorhanden, Sie „wissen" also im Grunde bereits, wo die Reise hingehen soll. Sie haben nämlich einen sehr wichtigen Kompass bei sich, mit dem Sie immer wieder prüfen können, ob Sie auf dem richtigen Weg sind: Ihre Affekte.

### Ihre Affekte als Zielkompass

Manchmal mag es uns fast so vorkommen, als wenn wir keine Ziele, keine konkreten Vorstellungen davon hätten, was wir eigentlich (erreichen) wollen. Das ist angesichts des Alltagsrummels, vieler Verpflichtungen und Routinen ganz verständlich. Schon allein, dass uns manches mehr und anderes weniger gut gefällt, verrät uns etwas über unsere Wünsche und Ziele. Solche unklaren Gefühle werden von Psycholog:innen als „Affekte" bezeichnet – sie sind eher unkonkret und häufig nicht einmal besonders intensiv. Diese manchmal noch diffusen Affekte der Zu- oder Abneigung stehen dafür, dass das, was gerade passiert, mehr oder weniger gut zu uns passt.

Wenn etwa in einer Partnerschaft unser Gegenüber nicht so reagiert, wie es unseren Vorlieben entspricht oder wir es uns vorgestellt haben, haben wir ein Störgefühl. Passiert hingegen etwas, vielleicht sogar unerwartet, worüber wir uns freuen (z. B. wenn wir von unseren Freunden eingeladen werden), haben wir ein angenehmes Gefühl. Somit geben uns unsere Affekte sehr häufig Hinweise auf die Richtung, in die es für uns gehen sollte, weil sie sich für uns stimmig anfühlt.

Was das dann konkret mittel- und langfristig bedeutet, und wie sich dies umsetzen lässt, sind weitere Fragen, die manchmal nicht so leicht zu beantworten sind. Aber, wo es für uns letztendlich hingehen soll, steckt bereits in diesem intuitiven guten Gefühl („eher ja, die richtige Richtung") bzw. Störgefühl („eher nein, die falsche Richtung"). Zumindest diese vagen Ideen (oft in Form intuitiver Affekte), und häufig sogar schon weit konkretere Vorstellungen, bringen Sie in den Prozess der Zielklärung als Ihre persönlichen Ressourcen ein.

**Gedankenexperiment**

Bitte stellen Sie sich einmal folgende Fragen; nehmen Sie sich dafür einen Moment Zeit und lassen Sie Ihre Gedanken schweifen: Bezogen auf Ihre aktuellen Schwierigkeiten, was würden Sie sagen, was Ihr Ziel ist? Was fällt Ihnen – spontan oder auch nach einigem Nachdenken – ein? Machen Sie sich dazu bitte auf den folgenden Zeilen oder in Ihrem Begleitheft Notizen.

________________________________________

________________________________________

________________________________________

________________________________________

Ihre ersten Überlegungen sind ganz wichtige Schritte für den Prozess der Zielklärung. Psycholog:innen haben sich viele Gedanken dazu gemacht, welche Merkmale Ziele haben sollten, damit diese Ihren Veränderungsprozess möglichst gut unterstützen. Es geht darum, quasi schon über die Art und Weise, wie Sie Ihre Ziele entwickeln, die Voraussetzungen dafür zu verbessern, dass Sie sie auch erreichen. Was macht eigentlich „gute" oder „wohlgeformte" – also attraktive und motivierende – Ziele aus? Dabei geht es nicht darum, dass irgendjemand Ihnen vorschreibt, *was* Sie erreichen wollen sollen. Vielmehr geht es darum, gewisse Merkmale Ihrer Ziele zu entwickeln. Was damit gemeint ist, wird in Kapitel 2.1 erläutert. Die psychologische Zielforschung verweist nämlich darauf, dass „gute" Ziele an sich schon zu unserem Wohlbefinden beitragen. Wir möchten Sie daher im Folgenden einladen, Ihre *aktuellen Ziele* genauer zu betrachten.

## 2.1 Was macht „gute" oder „wohlgeformte" Ziele aus?

Bitte nicht erschrecken, wenn Sie das Folgende lesen! Diese lange Liste von Merkmalen wohlgeformter Ziele soll Ihnen Anregungen geben, Ihre Ziele *klären* zu können – es geht nicht um eine „sklavische Befolgung" dieser Ideen. Zwischendurch erhalten Sie immer wieder durch gezielte Fragen Anregungen dafür, wie sich Ihre Ziele unter der jeweiligen Perspektive fassen lassen.

*Wohlgeformte Ziele sind wichtig bzw. persönlich bedeutsam.* Fragen, die aufzeigen können, ob ein Ziel persönlich bedeutsam ist, wären z. B. nach der Dringlichkeit und nach den Auswirkungen, die eine Veränderung in Richtung des Ziels mit sich bringen würde. Ist es Ihnen wirklich wichtig, dass sich Ihr Leben in diese Richtung hin ändert? Wird Ihr Leben dadurch besser? Oder handelt es sich hier vielmehr um Wünsche? Wünsche sind nicht ganz so dringlich; es wäre zwar schön, wenn sich hier etwas ändern würde, aber es ginge auch so weiter. Außerdem fehlt vielleicht auch die Energie, sich dafür wirklich einzusetzen. Die zentrale Frage, um ein wichtiges, persönlich bedeutsames Ziel zu formulieren, lautet also:

> Wenn Sie darauf schauen, was sich in Ihrem Leben ändern soll – inwiefern ist Ihnen das besonders wichtig?

*Wohlgeformte Ziele haben „somatische Marker".* Maja Storch, eine Psychologin aus Zürich, die sich viel mit Zielen auseinandergesetzt hat, hat in Bezug auf wichtige und persönlich bedeutsame Ziele einen wesentlichen Aspekt ergänzt: Diese sind „verkörpert" oder haben, wie sie es nennt, „somatische Marker" (somatisch: den Körper betreffend, zum Körper gehörig). Das bedeutet, dass unser Körper mit-reagiert, wenn wir mit diesen persönlich bedeutsamen Zielen in Kontakt kommen: Es fühlt sich im Bauch gut an, wir atmen ruhiger, ein befreiender Seufzer oder ein Lächeln stellt sich ein:

> Wenn Sie sich vorstellen, Sie erreichen Ihr wichtiges Ziel: Wo spüren Sie das in Ihrem Körper? Wie fühlt sich das an? Vertiefen Sie sich einen Moment in dieses Körpergefühl und spüren ihm nach: Was passiert bei Ihnen?

*Mit wohlgeformten Zielen beschreiben wir das, was sein soll – und nicht nur die Abwesenheit von Problemen.* Sie wissen vermutlich ziemlich gut, was in Zukunft nicht mehr Teil Ihres Lebens sein soll. Sie leiden ja aktuell darunter, dass der Problemzustand da ist, und spüren deutlich, dass Sie das nicht mehr ertragen oder für sich wollen. Die Frage ist: Wie soll es *stattdessen* sein?

### Fallbeispiel: Frau H., keine Panik mehr – und was stattdessen?

Frau H. leidet unter Panikattacken, die sie deutlich beeinträchtigen. Natürlich möchte sie diese Panikattacken nicht mehr haben. Doch was möchte sie stattdessen? Indem Frau H. sich für die Beantwortung der Frage etwas Zeit nimmt, stellt sich heraus, dass sie sich in ihrem Körper sicher fühlen möchte und – statt angstvoll daheim zu bleiben – wieder regelmäßig Unternehmungen und Ausflüge mit ihrer Familie machen möchte.

Diese Ziele von Frau H. sind mehr als nur die Abwesenheit der Panikattacke. Vielleicht kann sie mit der nötigen Hilfe möglichst bald damit beginnen, kleine Schritte in Richtung der Erfüllung ihrer Wünsche zu gehen.

Dieser Unterschied bei der Frage nach der Dimension des Ziels mag trivial erscheinen. Die psychologische Zielforschung verweist jedoch darauf, dass es für das eigene Wohlbefinden günstiger ist, sich danach zu orientieren, was man erreichen möchte (Beispiel für ein Annäherungsziel: „Ich möchte darauf achten, Ruhe in mein Leben zu bringen") statt danach, Negativem auszuweichen (Beispiel für ein Vermeidungsziel: „Ich möchte keinen Stress mehr haben"):

Und wie ist das bei Ihnen? Stellen Sie sich bitte vor, Sie haben Ihr Ziel erreicht: Was ist anstelle des Problems da, wenn Sie Ihr Ziel erreicht haben bzw. wenn Sie deutlich auf dem Weg dorthin sind? Wie sieht das im Einzelnen aus? Wie geht es Ihnen? Was tun Sie? Woran würden Sie oder z.B. eine gute Freundin merken, dass Sie Ihrem Ziel nähergekommen sind oder dass Ihre Situation bzw. Ihr Leben so ist, wie es sein soll? Bitte beschreiben Sie alles möglichst konkret.

*Wohlgeformte Ziele liegen in unserem Kontrollbereich; wir können aktiv etwas dazu beitragen, sie zu erreichen.* Was bedeutet das genau? Es ist völlig verständlich und nur allzu menschlich, dass wir uns wünschen, dass sich die Umstände ändern, sich andere Menschen in unserer Umgebung endlich „vernünftig", „anständig" und „entgegenkommend" verhalten oder endlich mal etwas „funktioniert". Leider haben wir darauf keinen oder kaum Einfluss. Die Welt und andere tun, was sie tun. Wenn wir uns nicht von anderen oder den Umständen abhängig machen wollen, bleibt uns also nichts anderes übrig als zu überlegen, wo und wie wir die Dinge selbst in die Hand nehmen können.

Besonders schwierig ist das, wenn andere Menschen beteiligt sind. So wünschen wir uns z.B. in Partnerschaften, in der Familie oder auch im Beruf, dass unser(e) Gegenüber „freundlicher“ oder „verlässlicher“ usw. sein sollte(n). Wenn wir jedoch darauf achten möchten, uns eben nicht davon abhängig zu machen, dass erst einmal die anderen oder die Welt sich ändern, können wir uns stattdessen auf die Frage fokussieren: Wie können wir uns in Beziehungen so verhalten, dass wir mit uns einverstanden sind?

Vielleicht steigt dadurch gleichzeitig auch noch die Wahrscheinlichkeit, dass sich unser Gegenüber in unserem Sinne verhält. Wobei diesem immer noch die Freiheit bleibt, sich nicht verändern zu wollen. Doch selbst wenn wir nicht das Ergebnis erreichen, das wir uns vorgestellt haben, haben wir Fortschritte in der Weiterentwicklung unserer Persönlichkeit gemacht und uns weniger (oder auch nichts) vorzuwerfen. Wir entwickeln uns und unsere Möglichkeiten, worauf wir ziemlich stolz sein können – und meistens fühlt es sich ziemlich gut an, wenn es uns gelungen ist, für uns weiterzukommen:

> In Bezug auf Ihre Ziele ist es völlig verständlich, dass Sie sich vielleicht wünschen, dass sich andere oder die Verhältnisse ändern. Da dies jedoch in aller Regel nicht möglich ist, überlegen Sie in einer solchen Situation doch einmal für sich: Was könnten Sie vielleicht selbst tun, um mit ersten kleinen Schritten auf Ihr Ziel zuzugehen? Was würden Sie tun, wenn sich Ihr Gegenüber oder die Situation dann ein klein wenig verändern würde? Bitte versuchen Sie, möglichst genau zu beschreiben, wie Sie sich verhalten, wenn Sie Ihrem Ziel näher gekommen sind bzw. es erreicht haben.

*Zielklärung ist ein Prozess und darf Zeit in Anspruch nehmen.* Bisher wurde immer wieder von Ziel*klärung* gesprochen. Es ist häufig sehr schwierig, am Anfang eines Veränderungsprozesses ganz genau zu bestimmen, was dessen Ziel ist. Manchmal ist uns noch nicht einmal richtig bewusst, was genau am jetzigen Problemzustand eigentlich unerträglich ist. Gleichzeitig ist es wichtig, nicht nur bei den aktuellen Problemen („im Jetzt“) zu verharren, sondern stattdessen konkrete Vorstellungen über bessere Zeiten zu entwickeln.

So stehen wir in einem Spannungsfeld: Einerseits geht es darum, Ziele mit einer tragfähigen Konstanz und Stabilität zu entwickeln; andererseits ist es sinnvoll, für Erfahrungen offen zu bleiben und unsere Ziele dementsprechend zu hinterfragen, zu verändern und weiterzuentwickeln. In der Zielforschung nennt man diesen fortlaufenden Prozess „goaling“, also die Fähigkeit, sich zu fragen, was eigentlich die eigenen, wichtigen Ziele sind, an ihnen dranzubleiben und sie an sich ändernde Verhältnisse anzupassen. Bei der Klärung von Zielen ist es folglich häufig auch sinnvoll, nicht vorschnell zu agieren, sich Zeit zu nehmen und die Zielvorstellungen gut zu durchdenken. Auch kann es sich lohnen, eine Entscheidung für ein bestimmtes Ziel erst einmal stehen zu lassen, um sicherer zu werden, ob es das richtige ist. Gerade wenn wir uns hier zu sehr unter Druck setzen, neigen wir zu radikalen Zielvorstellungen und Zwischentöne werden nicht mehr wahrgenommen.

Beispiele dafür, dass es irgendwo, vielleicht auch an einem lange ersehnten Ziel, an dem man angekommen ist, anders aussieht, als man dachte, es doch nicht so schön ist oder es bestimmte Merkmale hat, die nicht passen, gibt es zahlreiche:

- Denken Sie z.B. an eine Urlaubsreise: Sie haben sicherlich schon einmal ein privates oder berufliches Ziel gehabt, welches Sie, einmal dort angekommen, wohl nicht noch einmal bereisen oder anstreben würden.
- Ein weiteres Beispiel wäre ein Essen im Restaurant: Vielleicht schmeckt es längst nicht so gut, wie Sie erwartet haben; vielleicht schmeckt es aber auch viel besser, wenn Sie es erst einmal probiert haben.
- Genauso gut kann es passieren, dass Sie an einem Zwischenziel angekommen sind, von dem Sie sich eigentlich nicht so viel versprochen hatten, und sich nun aber entscheiden, dort zu bleiben, weil es doch sehr gut zu Ihnen passt.

Wir leben im Spannungsfeld zwischen unseren Vorstellungen und dem, was wir in der Realität erreichen können – wir stehen also immer wieder vor der Herausforderung, unsere Ziele unter Umständen aufgeben oder verändern zu müssen. Wichtige Ziele loslassen zu können, sich von ihnen zu verabschieden und unseren Frieden damit zu machen, kann ein wichtiger Schritt zu psychischem Wohlbefinden und Zufriedenheit sein. Manchmal ist es nicht so leicht, die Enttäuschung, die mit solchen Entwicklungen verbunden ist, zu verkraften und trotzdem nicht daran zu verzweifeln und für sich neue Wege zu suchen. Eric Klinger (1977) hat den Prozess der Zielablösung daher auch als „psychisches Erdbeben" bezeichnet. Dementsprechend ist die Akzeptanz von bestimmten Zuständen oder eigenen Grenzen sehr schwierig und unter Umständen langwierig (und auf keinen Fall „einfach"). Diese Akzeptanz kann somit selbst zu einem herausfordernden Ziel werden.

### Fallbeispiel: Familie I. und ihre Ziele

Herr und Frau I. haben über lange Zeit an ihrem Traum gearbeitet: Sie möchten ein kleines Haus für sich und ihre beiden Kinder bauen oder renovieren. Sie haben dafür gespart, auf einiges verzichtet, und waren in ihren Plänen auch ganz gut vorangekommen. Und dann kam Corona: Herr I. musste längere Zeit in Kurzarbeit gehen, es kam zu Verdienstausfällen. Zudem waren die Kinder viel zu Hause, und gerade ihre Tochter kam mit der Situation überhaupt nicht gut zurecht. Sie vermisste ihre Freunde sehr, zog sich zurück und kam in der Schule nicht mehr mit. Die Firma von Herrn I. ging dann schließlich auch noch in Konkurs, sodass sich auf einmal viele drängende Probleme auftaten: Wie sollte es hier weitergehen?

Die Situation besserte sich für Familie I. zwar insgesamt einigermaßen, aber inzwischen waren die Bauzinsen so deutlich gestiegen, dass erst einmal nicht an ein eigenes Haus zu denken war.

Warum war das Traumhaus so wichtig? Für Familie I. schien es der Inbegriff von Gemeinsamkeit und Familienleben zu sein. Als es sich nicht verwirklichen ließ, fühlte der Verlust sich bedrohlich an und es fiel nicht leicht, sich vom Traumhaus verabschieden zu müssen. Aber: Familie I. hat es geschafft, sich darauf zu besinnen, dass es auch andere Möglichkeiten gibt, die übergeordneten Ziele, wie z. B. Gemeinsamkeit und Familie, zu leben. Diese Ziele verfolgen Herr und Frau I. intensiv weiter, indem sie sich Zeit füreinander nehmen, ihre Tochter dabei unterstützen, sich wieder zu stabilisieren, und so spüren, dass es allen um das Miteinander geht und nicht um den Besitz eines eigenes Hauses.

Lassen Sie uns noch einmal auf Ihr Ziel bzw. Ihre Ziele schauen:

### Gedankenexperiment

Was soll und muss sich in Ihrem Leben möglichst bald ändern? Ihre Schwierigkeiten sind belastend: Was soll stattdessen da sein? Wie fühlt sich das „Stattdessen" an? Was bedeutet es (möglichst konkret)? Bitte stellen Sie sich vor, dass Sie am Ende dieses Kapitels spüren, dass es sich gelohnt hat, diesen Ratgeber in die Hand genommen zu haben: Woran würden Sie das merken, wie fühlen Sie sich, was geht Ihnen durch den Kopf, welche Haltung haben Sie? Bitte notieren Sie Ihr Ziel bzw. Ihre Ziele hier oder in Ihrem Begleitheft.

______________________________

______________________________

______________________________

______________________________

______________________________

______________________________

In diesem Kapitel haben wir insbesondere die Ziele in den Blick genommen, die sich aus Ihrer aktuellen schwierigen Situation ergeben. Manchmal kann es sehr nützlich sein, den Blick auch noch auf Ihre Vorstellungen für die weitere Zukunft zu erweitern. Mit etwas mehr Abstand von den aktuellen Schwierigkeiten zeigt sich manchmal klarer, wozu sich etwas ändern soll. Daher werden Sie im nächsten Kapitel zu einer solchen Zukunftsreise eingeladen, um zu überlegen, welche Zielaspekte sich daraus ergeben.

## 2.2 Der Sprung in die Zukunft: Ihre Lebensziele

Wohin soll Ihre Reise gehen? Wie geht es weiter, wenn Sie erst einmal Ihre aktuelle schwierige Situation – zumindest ein Stück weit – bewältigt haben? Was sollte längerfristig passieren, damit Sie sich für Ihr Leben ein gutes Fundament aufbauen? Wie können Sie Ihr Leben über den Tag hinaus so gestalten, dass einzelne Schwierigkeiten Sie nicht so ohne Weiteres aus der Bahn werfen können? Was, meinen Sie, bedeutet es für Sie, „angekommen" zu sein, also dort zu landen, wo sich Ihr Leben gut anfühlt, wo Sie innehalten und (zumindest für einige Zeit) bleiben möchten?

Diese Fragen zielen auf Ihre langfristigen oder Ihre Lebensziele ab. Die psychologische Zielforschung verweist darauf, dass es sich für das eigene Wohlbefinden sehr wohl lohnt, Fantasien oder längerfristige Zielvorstellungen zu entwickeln. Und so möchten wir Sie zu einem kleinen Gedankenexperiment einladen:

**Gedankenexperiment: Bitte einmal träumen!**

Bitte suchen Sie sich einen bequemen Platz, einen bequemen Stuhl oder eine Liege, ganz wie es für Sie passt. Vielleicht mögen Sie die Augen schließen, vielleicht auch den Blick schweifen lassen.

Kommen Sie mit auf eine Reise in die Zukunft: Stellen Sie sich vor, dieses Jahr vergeht und auch das nächste – und vieles in Ihrem Leben fügt sich so, wie es für Sie richtig und passend ist. Die Dinge entwickeln sich in die richtige Richtung und auch Sie tragen Ihren Teil dazu bei. Es vergehen noch weitere zwei, drei Jahre, in denen vieles so wird und bleibt, wie es sein soll. Lassen Sie sich bitte Zeit auf dieser Reise in die Zukunft.

Vielleicht spüren Sie bereits, wie sich Ihr Leben anfühlt, und vielleicht atmen Sie ruhig. Die Zeit vergeht weiter. So sind nun fünf Jahre vergangen und Ihr Leben hat insgesamt eine gute Richtung genommen, vieles hat sich zum Guten entwickelt. Wo sind Sie nach diesen fünf Jahren gelandet?

Nehmen Sie sich Zeit und führen Sie sich die Situation vor Augen: Wo befinden Sie sich? Was ist das für ein Ort? Wie sieht es dort aus? Welche Atmosphäre herrscht dort? Was tun Sie gerade? Sitzen Sie oder sind Sie eher in Bewegung? Wie geht es Ihnen, wie fühlen Sie sich, wie fühlt sich Ihr Körper an? Sind Sie für sich, oder sind auch andere Menschen mit dabei? Sehen Sie sich die Situation genau und in Ruhe an ...

Nehmen Sie wahr, wie es um Sie herum aussieht. Hören Sie die Geräusche um Sie herum? Vielleicht die Stimmen der anderen? Vielleicht spüren Sie, wie sich ein Lächeln auf Ihrem Gesicht ausbreitet, wie Sie innerlich entspannen ...

Tauchen Sie nun noch weiter in die Situation ein: Wie fühlt sich Ihre Umgebung an? Halten Sie inne, konzentrieren Sie sich darauf, was Sie spüren und hören und lassen Sie die Bilder auf sich wirken ...

Bevor Sie von diesen Zukunftsbildern wieder ins Hier und Jetzt zurückkommen, möchten Sie vielleicht noch einige innere Fotos von Ihren Zukunftsvorstellungen machen und diese auf diese Weise ein Stück weit für sich verankern.

Eine Empfehlung an dieser Stelle wäre, sich kurz Notizen zu Ihren inneren Bildern zu machen, und sich diese in den nächsten Tagen noch einmal anzusehen. Dann stellen Sie ggf. fest, dass Ihnen Ihre Vorstellungen fast wie ein rosarotes Wölkchen vorkommen, also beinahe unrealistisch bzw. „zu schön, um wahr zu sein“. Gleichwohl fällt Ihnen beim Daraufschauen vielleicht auf, dass sich Ihre Gedanken auf ganz grundsätzliche Bedürfnisse beziehen. So geht es z. B. um Sicherheit, um gute und enge Beziehungen, um Spaß, Freude und Lust oder darum, dass Sie innerlich zur Ruhe kommen und mit sich zufrieden sind. Wenn Sie Ihrem Zukunftsbild einen Titel geben sollten: Wie würde dieser lauten?

Bei diesem Gedankenexperiment dürfen Sie gerne einmal Ihren wildesten Fantasien freien Lauf lassen und Ideen dazu entwickeln, was passieren sollte. Aber vielleicht mögen Sie solche Fantasiereisen oder Tagträume gar nicht, sondern möchten lieber etwas „rationaler" an die Frage Ihrer Lebensziele bzw. Ihrer langfristigen Ziele herangehen. Dann bietet sich vielleicht folgendes Vorgehen an:

### Längerfristige Ziele

Stellen Sie sich vor, es ist ein halbes Jahr vergangen und Sie merken, dass es sich gelohnt hat, sich mit diesem Ratgeber zu beschäftigen. Sie sind schon ein gutes Stück in Richtung Ihrer Ziele weitergekommen. Wie sieht das aus? Wie fühlt sich das an? Wie würde Ihre beste Freundin oder Ihr bester Freund das beschreiben?

Bitte nehmen Sie sich einen Moment Zeit und versuchen Sie, diese Lebenssituation konkret zu beschreiben und für sich zu notieren.

______________________________

______________________________

______________________________

______________________________

Auf die Dauer – und dazu sollen die nächsten Kapitel beitragen – soll und darf das Potenzial dieser Bilder nicht ungenutzt bleiben. Es geht also nicht um „positives Denken" oder „träumen", sondern darum, Ihre Zielvorstellungen aufzugreifen und zu erforschen, wie Sie Ihre Ressourcen und Ihre Resilienz zu deren Erreichung nutzen können.

# 3 Anregungen zum Entdecken Ihrer persönlichen Ressourcen und Resilienz

Im letzten Kapitel sind Sie in den Zielklärungsprozess eingestiegen und sind hoffentlich etwas in Kontakt mit den für Sie aktuell und längerfristig persönlich wichtigen Zielen gekommen. Zudem haben Sie erste Vorstellungen davon entwickelt, wie das, was Sie erreichen wollen, aussehen kann – und Sie haben nachgespürt, wie sich das in Ihrem Körper anfühlt. Dieser Ratgeber wird Ihnen darüber hinaus noch aufzeigen, wie Sie Ihre persönlichen Ressourcen und Ihre Resilienz aufspüren und für die Erreichung Ihrer Ziele nutzbar machen können. Sie verfügen gewiss bereits über sehr viele Stärken, Fähigkeiten und Möglichkeiten, die nützlich dafür sein können, Ihre Ziele zu erreichen. Zudem ist es sehr oft viel weniger mühsam, das zu nutzen, was man schon kann, als sich ein ganz neues Repertoire zuzulegen. Völlig mühelos ist auch das in der Regel jedoch nicht, gerade weil Sie im Moment mit Schwierigkeiten und Problemen zu kämpfen haben. Mit dem Versuch, Ihre Stärken trotz der aktuell schwierigen Situation zu aktivieren, arbeiten Sie gegen das an, was Ihnen Ihre eher negativen Gefühle eigentlich nahelegen. Die Aktivierung wird also ein wenig Zeit und Aufwand in Anspruch nehmen.

In der Psychologie wird häufig zwischen „direkt zugänglichen" und „eher verschütteten Ressourcen" unterschieden. Die Grenzen sind fließend, und wie Sie sicher aus eigener Erfahrung wissen, ist es nicht zuletzt von unserer Gesamtstimmung abhängig, ob und wie man Zugang zu den eigenen Stärken bekommt. Aus der Emotionspsychologie ist bekannt, wie wichtig es dabei ist, auch zu *spüren,* dass es um wirklich angenehme Dinge geht. Ein begleitendes, inneres oder gar äußeres Lächeln oder auch ein warmes Gefühl können somit gute Hinweise dafür sein, dass Sie auf dem richtigen Weg sind. Nicht zuletzt unterstützen Sie diesen Prozess, wenn Sie sich Zeit nehmen und sich so mit „Herz und Gefühl" in Kontakt mit diesen Ihren positiven Momenten und Möglichkeiten bringen. Je öfter Sie das tun, desto besser und schneller wird Ihnen das gelingen.

Im Folgenden werden wir Ihnen zwei konkrete Zugänge zu Ihren persönlichen Ressourcen und zu Ihrer Resilienz vorstellen: Zum einen geht es darum, einen Blick auf verschiedene Bereiche Ihres Lebens zu werfen, zum anderen geht es um eine Fokussierung auf Ihre sogenannten Charakterstärken (Seligman et al., 2005). Gut wäre es, wenn Sie die folgenden Kapitel in Ruhe bearbeiten könnten. Vielleicht gibt es ja einen bestimmten Zeitpunkt am Tag, an dem Sie nicht gestört werden.

## 3.1 Den Blick auf verschiedene Lebensbereiche werfen – die Ressourcenzwiebel

Gerade wenn das Leben schwierig ist, macht sich manchmal eine Grundstimmung breit, die den Blick auf die guten und funktionierenden Dinge verdeckt. Um dieser gleichwohl auf die Spur zu kommen, haben wir die „Ressourcenzwiebel" (Willutzki et al., 2005) entwickelt, die Sie in Abbildung 1 sehen. Es hat sich bewährt, in den folgenden drei Kontexten auf die Suche nach Ihren Ressourcen zu gehen: (1) dem Kontext jenseits der Probleme, (2) dem Kontext früherer Krisenbewältigung und (3) dem Kontext der aktuellen Probleme.

Im Kontext jenseits der Probleme, also der *äußeren Schicht* der Ressourcenzwiebel, schauen wir auf Ihren Alltag, auf die Dinge, die dort einigermaßen in Ordnung sind bzw. sogar sehr gut laufen. Im Kontext früherer Probleme, also der *mittleren Zwiebelschicht,* geht es um Zeiten, die Herausforderungen mit sich gebracht haben, die Sie (eher) als Krise erlebt haben. Beim *Zwiebelkern* geht es schließlich um den Kontext der aktuellen Probleme. Vermutlich ist es hier am schwierigsten, zu spüren, dass nicht alles schlecht ist. Gleichzeitig ist es glücklicherweise meist so, dass es selbst hier Schwankungen oder Ausnahmen von den Problemen gibt: Tage, Stunden oder Momente, in denen Sie sich zumindest etwas weniger belastet fühlen.

Anhand der Ressourcenzwiebel können Sie einen Blick auf Ihre persönlichen oder intrapersonellen Ressourcen (Ihre Fähigkeiten, Fertigkeiten, Haltungen, Ziele) und auf Ihre externen Ressourcen (soziale und materielle Ressourcen) werfen. Führen Sie dazu die Übungen durch, die in den folgenden Kästen beschrieben werden, und machen Sie sich dabei Notizen. Nutzen Sie hierfür am besten Ihr Begleitheft oder notieren Sie einzelne Aspekte auf einem Blatt Papier bzw. auf Karteikarten.

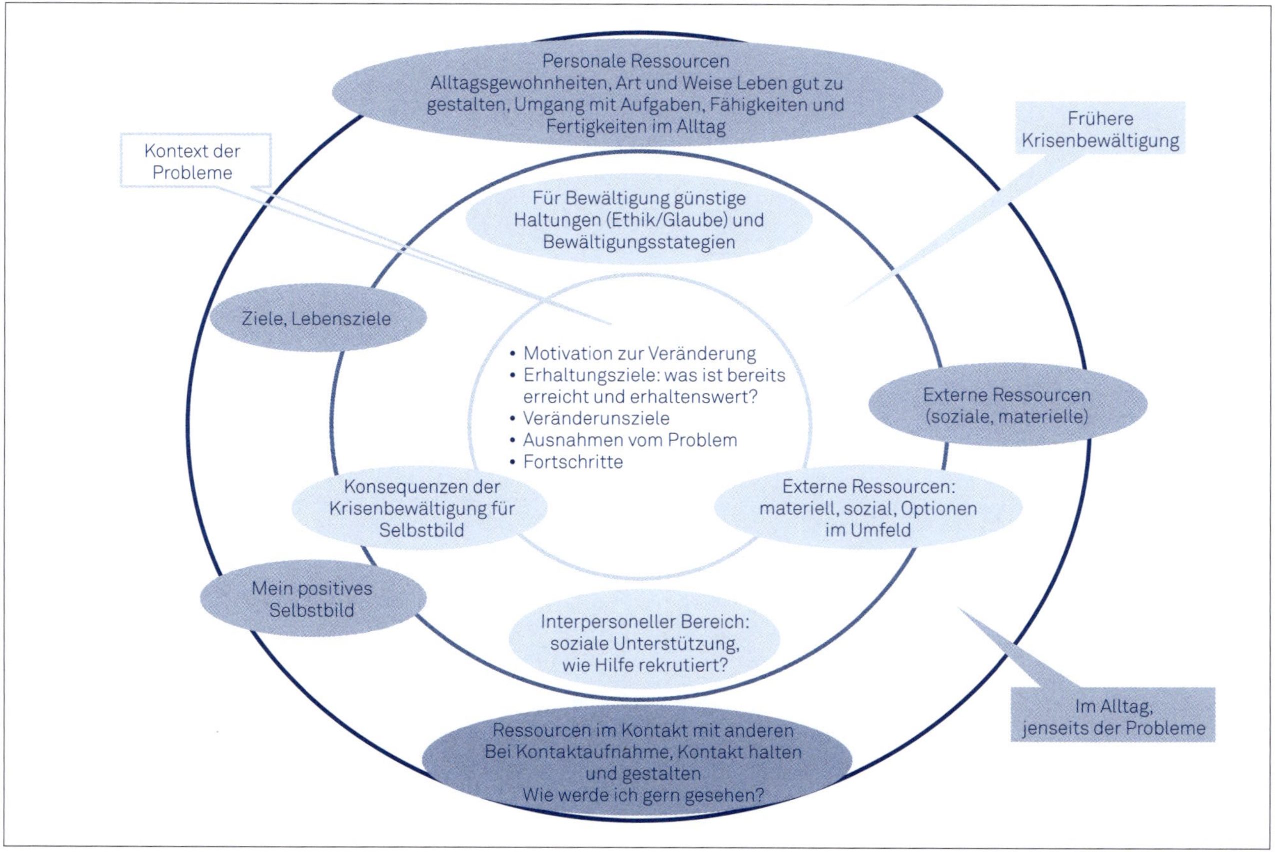


**Abbildung 1:** Die Ressourcenzwiebel

## Ressourcen in Ihrem Alltag jenseits der Probleme

Auch wenn sich manches in Ihrem Leben verändern soll, gibt es wahrscheinlich einiges, das Sie schätzen und mit dem Sie zufrieden sind – ganz sicher. Gerade wenn man etwas verändern möchte, ist es wichtig, sich diese positiven Aspekte klarzumachen, damit sie nicht aus Versehen in einem Veränderungsprozess in Vergessenheit geraten. Daher stellen Sie sich bitte die Frage: Was in Ihrem Leben sollte sich auf keinen Fall verändern? Was sollte unbedingt so bleiben, wie es derzeit ist? Was schätzen Sie an Ihrem derzeitigen Leben, womit sind Sie recht zufrieden?

Bitte schauen Sie dabei auf unterschiedliche Aspekte, die auf jeden Fall so bleiben sollen, wie sie jetzt sind und machen Sie sich dazu Notizen:

- Welche Ihrer Gewohnheiten?
- Welche Ihrer Lebensmaximen oder grundsätzlichen Überzeugungen?
- Welche Ihrer Interessen oder Hobbys?
- Welche Momente im beruflichen Kontext?
- Welche Beziehungen?
- Welche Lebensumstände?
- Was schätzen Sie an sich selbst, was für eine Person sind Sie in einem positiven Sinne, und was möchten Sie auf jeden Fall bewahren?

Nun folgt ein näherer Blick auf diese „Bestände" Ihres Alltags, also die Aspekte, die schon gut sind bzw. gut laufen. Weil sie so vertraut und alltäglich sind, gehen Sie vielleicht davon aus, dass Sie gar nichts dafür tun, dass es so ist. Doch das ist nicht der Fall. Lassen Sie sich von (radikal verhaltensorientierten) Psycholog:innen sagen: Es gibt nichts Gutes, außer man tut es!

Daher nehmen Sie sich bitte Ihre Stichworte zur Hand und überlegen Sie: Wie kriegen Sie es denn hin, dass es diese Eckpfeiler in Ihrem Leben gibt? Was tun Sie dafür? Wie achten Sie darauf, dass bestimmte Dinge nicht untergehen? Wie schaffen Sie es, Ihre Lebensmaximen zum Tragen zu bringen? Was tragen Sie zu Beziehungen bei, die gut laufen? Welche Ihrer Fähigkeiten kommen hier zum Tragen? Auch günstige Lebensbedingungen, wie z.B. ein angenehmer Wohnort oder materielle Ressourcen, fallen uns nicht in den Schoß: Was haben Sie dafür getan, was tun Sie aktuell hierfür? Wenn wir gute Freund:innen von Ihnen fragen würden: Was würden diese wohl sagen, wie Sie es hinbekommen haben, dass Ihr Leben diese Eckpfeiler hat?

Es handelt sich hierbei um „alltägliche Magie": In diesen Momenten Ihres Lebens, die Sie so gestaltet haben, wie das für Sie passend und richtig ist, zeigt sich, was Ihnen wichtig ist und auch, was und wo Sie möglicherweise ganz selbstverständlich etwas dafür tun, dass die Dinge so sind und bleiben, wie sie sind.

### Ressourcen im Kontext früherer Krisenbewältigung

Im Griechischen bedeutet „crisis" gleichzeitig „Gefahr" und „Chance"; weiterhin schwingen Bedeutungen wie „Streit", „Entscheidung", „Herausforderung" mit. Mit dem Begriff „Krise" wird so also ein Höhepunkt und zugleich ein Wendepunkt einer Entwicklung markiert.

Wann in Ihrem Leben gab es eine solch schwierige, krisenhafte Zeit, von der Sie heute, mit mindestens einem Jahr Abstand, sagen würden: „Dafür, was damals war und wie schlimm es war, habe ich es eigentlich ganz gut hinbekommen oder überstanden!"?

Vielleicht sind Sie sogar stolz darauf, wie Sie die Situation und die Schwierigkeiten damals gemeistert haben; vielleicht ertappen Sie sich manchmal dabei, wie Sie sagen: „Daraus habe ich gelernt, dass ..." Bitte nehmen Sie sich einen Moment Zeit, um sich an diese Periode in Ihrem Leben zu erinnern.

- Was würden Sie heute wieder so machen wie damals? Was, würden Sie sagen, waren günstige Haltungen, die Sie in den Umgang mit der Situation eingebracht haben? Wie haben Sie die Krise bewältigt, welche Ihrer Fähigkeiten und Möglichkeiten haben Sie hierzu genutzt? Welche Stärken haben Sie in dieser Situation gezeigt und welche haben Sie in diesem Zusammenhang entwickelt?
- Wenn Sie auf sich als Person schauen, wie sehen Sie sich in dem Zusammenhang? Wie haben Sie sich als Persönlichkeit durch diese Krise weiterentwickelt?
- Wie haben Sie Ihre soziale Umwelt einbezogen, Kontakte zu Freund:innen, Kolleg:innen oder professionellen Helfer:innen genutzt? Wie sind Sie auf die anderen zugegangen und welche Art von Unterstützung konnten Sie wie annehmen?
- Wie haben Sie auch Ihre materiellen oder räumlichen Ressourcen zur Krisenbewältigung genutzt (z.B. indem Sie sich Unterstützung finanziert haben oder sich verwöhnen ließen)?
- Wenn diese Krise nicht passiert wäre, welche positiven Folgen wären nicht eingetreten, was wäre Ihnen nicht möglich gewesen? Was haben Sie aus dieser Krise für sich mitgenommen, wofür war sie gut, und wofür sind Sie heute dankbar?

Bitte notieren Sie auch hier Ihre Gedanken, lassen Sie sich dabei ruhig etwas Zeit und spüren Sie Ihren Erfahrungen nach. Und auch hier fragen Sie sich bitte: Was haben Sie dafür getan, dass Sie so auf diese Zeit zurückschauen können? Wie haben Sie diese Erfahrung geprägt? Nehmen wir mal an, eine Fliege hätte an der Wand gesessen, und hätte Ihnen zugeschaut, was hätte sie gesehen? Wie würde die Fliege beschreiben, was Sie getan haben?

## Ressourcen im Kontext der aktuellen Probleme

Indem Sie sich dieses Buch beschafft haben, und sich mit den enthaltenen Anregungen auseinandersetzen, sind Sie bereits aktiv geworden, um etwas zu verändern. Parallel sind Sie mit den Herausforderungen der aktuellen Probleme umgegangen und haben sich darum bemüht, dass die Situation nicht noch schlimmer geworden ist. Diese Ihre Motivation zur Veränderung ist erst einmal eine ganz wichtige Ressource: Sie wollen etwas anderes, Sie haben die Hoffnung, dass es nicht so bleiben muss und Sie werden aktiv. Wenn Sie einmal zurückschauen auf den Zeitpunkt, an dem Sie sich am stärksten belastet gefühlt haben, und dann überlegen, wo Sie heute stehen, was würden Sie sagen, wo Sie stehen?

Bitte nutzen Sie die folgende Skala, um *Ihren aktuellen Stand* einzuschätzen:

| Als ich mich am stärksten belastet gefühlt habe | | | | | | | | | | So wie es sein soll |
|---|---|---|---|---|---|---|---|---|---|---|
| 0 | 1 | 2 | 3 | 4 | 5 | 6 | 7 | 8 | 9 | 10 |

Sehr viele – aber nicht alle – Personen, die sich auf den Weg gemacht haben, etwas zu verändern, sagen an diesem Punkt, dass sie nicht mehr auf „0“ stehen. Falls das auch auf Sie zutrifft: Woran merken Sie, dass Sie nicht mehr auf „0“ stehen? Bitte machen Sie sich dazu hier oder in Ihrem Begleitheft Notizen.

Diese Schritte haben Sie ja wahrscheinlich gemacht, ohne dass Sie viel äußere Unterstützung hatten. Das ist total spannend! Haben Sie Ideen dazu, was Sie da eigentlich getan haben, wie Sie von der „0" weggekommen sind? Bitte notieren Sie Ihre Gedanken dazu.

___

___

___

___

Wenn Sie darauf zurückblicken, was Sie schon in Bewegung gebracht haben, wie geht es Ihnen damit? Wenn wir eine gute Freundin oder einen guten Freund von Ihnen fragen würden, was sie bzw. er davon hält, was Sie bereits getan haben, was, glauben Sie, würde sie oder er sagen?

___

___

___

___

Natürlich sind das nur die ersten Schritte, und es ist noch einiges zu tun. Aber in diesen ersten Fortschritten stecken Ihre Ressourcen, Ihre Möglichkeiten und Fähigkeiten – und deshalb ist das sehr, sehr interessant!

Im Kontext der Probleme gibt es noch weitere ressourcenverdächtige Momente: Im Blickpunkt stehen Schwankungen der Problematik, Ausnahmen und weitere Fortschritte, da hier wichtige Ansätze für Veränderungen in die richtige Richtung liegen können. Irgendetwas ist da anders, oder irgendetwas machen Sie anders und haben damit einen gewissen Einfluss auf die Problematik. Auf solche Ausnahmen, in denen vermutlich „Ressourcendiamanten" stecken, wird in Kapitel 4 ausführlich eingegangen.

Am besten tragen Sie die Merkmale, Aspekte, Ideen zu Ihren Ressourcen, die Ihnen im Laufe der Arbeit mit der Ressourcenzwiebel aufgefallen sind, zusammen und legen die Notizen und Stichpunkte hierzu vielleicht so wie in der Zwiebelabbildung auf den Tisch vor sich hin.

**Gedankenexperiment**

Lassen Sie diese Sammlung bitte auf sich wirken, nehmen Sie sich etwas Zeit dafür. Vielleicht mögen Sie einen oder einzelne Aspekte für sich auswählen und vertiefen. Wie fühlt sich das an? Vielleicht mögen Sie innerlich diesen guten Aspekten, vielleicht sogar „Sternstunden" Ihrer Lebenssituation, nachspüren und diese genießen. Vielleicht passt für Sie sogar ein Bild, eine Zeichnung, ein Foto oder irgendein anderes Symbol (z.B. ein schöner Stein oder eine Feder oder was auch immer) dazu. Visualisierungen und Symbolisierungen helfen uns nämlich dabei, wichtige Dinge im Kopf und im Sinn zu behalten.

Auf Grundlage der Ressourcenzwiebel wurde der Wittener Ressourcenfragebogen (WIRF) entwickelt, den Sie im Arbeitsblatt 1 (vgl. Anhang, Seite 75f.) finden. Mithilfe des Fragebogens können Sie Ihre Stärken näher in den Blick nehmen.

*Ein kurzer Blick in die Forschung:* In einigen Studien, die mit dem Wittener Ressourcenfragebogen (WIRF) durchgeführt wurden, hat sich herausgestellt, dass Menschen in den verschiedenen Kontexten (Alltag, frühere Krisenbewältigung, aktuelle Probleme) unterschiedlich guten Zugang zu ihren Ressourcen haben. Es lohnt sich also, auf alle drei Bereiche zu schauen. Inhaltlich haben die Studienteilnehmer:innen als Ressourcen insbesondere Maßnahmen zur Erholung, aktive Schritte zur Problemlösung und soziale Unterstützung angegeben. Etwa 60 % der Befragten haben berichtet, dass allein das Ausfüllen des Fragebogens sie vermehrt an eigene Ressourcen erinnert habe (Schürmann et al., 2019).

## 3.2 Fokussierung auf Ihre Tugenden und Charakterstärken

Eine andere Forschungstradition, die sich seit dem Jahr 2000 besonders den Faktoren für ein glückliches und gesundes Leben widmet, ist die sogenannte „Positive Psychologie" (Seligman et al., 2005). Ausgangspunkt dieser Forschungstradition war, dass verschiedene Psycholog:innen mit der einseitigen Orientierung der Psychologie auf problematische Aspekte des menschlichen

Lebens unzufrieden waren. Forscher:innen in diesem Bereich haben es sich zur Aufgabe gemacht, Ideen und Forschungsaspekte zusammenzutragen, die wichtig für persönliches Wachstum und eine günstige Entwicklung sind. Ein Ergebnis dieser Bemühungen ist die sogenannte Liste der Tugenden und Charakterstärken. Martin Seligman und seine Kolleg:innen haben hierzu international historische und aktuelle Schriften durchgesehen, und eine Liste zusammengestellt. Den sechs Tugenden „Weisheit und Wissen", „Mut", „Liebe und Humanität", „Gerechtigkeit", „Mäßigung und Spiritualität" sowie „Transzendenz" haben sie 24 Charakterstärken zugeordnet.

> Arbeitsblatt 2 (vgl. Anhang, Seite 80f.) listet verschiedene Charakterstärken bzw. Eigenschaften auf. Nehmen Sie sich einen Moment Zeit und sehen Sie sich das Arbeitsblatt 2 in Ruhe an. Welche dieser Eigenschaften treffen auf Sie zu?

Wenn Sie das Arbeitsblatt 2 bearbeitet haben, können Sie die einzelnen Kreuze miteinander verbinden, dadurch wird Ihr Profil prägnanter. Nehmen Sie sich einen Augenblick Zeit und lassen Sie das Bild auf sich wirken: Wo liegen Ihre Charakterstärken im Sinne Seligmans? Wenn eine Person, die Sie gut kennt, hierzu befragt werden würde: Wie würde diese Person Sie einschätzen? Würde sie sagen, dass eine bestimmte Charakterstärke noch mehr oder weniger auf Sie zutrifft? Bei keinem Menschen sind alle Charakterstärken gleich stark ausgeprägt. Menschen unterscheiden sich voneinander – und das ist auch gut so ...

**Gedankenexperiment**

Bitte wenden Sie Ihre Aufmerksamkeit nun den drei Charakterstärken zu, die bei Ihnen am stärksten ausgeprägt sind – Martin Seligman und seine Kolleg:innen bezeichnen diese als sogenannte Signaturstärken. Wo machen sich diese Stärken bzw. Eigenschaften in Ihrem Leben bemerkbar? Welche Situationen fallen Ihnen ein, in denen Sie spüren, dass Sie hier Ihre speziellen Tugenden haben? Wie äußern sich diese Tugenden in diesen Situationen?

Bezogen auf Ihre wichtigen Ziele: Wie nutzen Sie Ihre Stärken und wie können Sie dies möglicherweise noch ausbauen? Bitte überlegen Sie genauer, wie dies aussehen könnte. Machen Sie sich doch bitte dazu auch Notizen in Ihrem Begleitheft. Vielleicht fällt Ihnen auch eine Person ein, mit der Sie darüber sprechen können. Oder vielleicht mögen Sie in der nächsten Woche jeweils am Abend einmal kurz den Tag Revue passieren lassen und überlegen, zu welchem Zeitpunkt und in welcher Situation an diesem Tag Ihre Charakterstärken zum Tragen gekommen sind? Ein solches Tagebuch mit Blick auf die guten Dinge im Leben zu führen, kann helfen, dass gute Dinge nicht unbeachtet bleiben.

Wenn Sie sich mit diesem Thema noch weiter auseinandersetzen möchten, können Sie einen umfangreichen Fragebogen, den Fragebogen zu Charakterstärken, im Internet ausfüllen. Der Fragebogen ist über www.charakterstaerken.org zugänglich. Nach dem Ausfüllen erhalten Sie eine Rückmeldung über Ihre Signaturstärken, also die bei Ihnen am stärksten ausgeprägten Charakterstärken.

# 4 Ausnahmen, Fortschritte und Sternstunden – Ihre Ressourcendiamanten

Im Rahmen der Arbeit mit der Ressourcenzwiebel (vgl. Kapitel 3.1) wurde schon ein erster Blick auf Ihre Ressourcen im Kontext Ihrer aktuellen Probleme geworfen. Hier ist Ihre Motivation, nicht akzeptieren zu wollen, dass Ihr Leben weiterhin so stark von Problemen geprägt ist, ein sehr wichtiger Punkt, der gar nicht hoch genug geschätzt werden kann. Zusätzlich gibt es noch weitere Aspekte, die im Kontext der aktuellen Probleme in den Blick genommen werden sollen: Dieses Kapitel lädt Sie dazu ein, den Blick auf Ausnahmen vom Problem (oder im Weiteren auch auf Fortschritte) zu lenken, also auf die kleinen Unterschiede, die kleinen Ausnahmen. Solche Momente können als „Ressourcendiamanten mit vielen Facetten" betrachtet werden. Nehmen Sie sich bitte auch für dieses Kapitel ausreichend Zeit. Versuchen Sie, etwas zu entschleunigen und sich Notizen in Ihrem Begleitheft zu machen.

## 4.1 Die Suche nach Ausnahmen

Der Startpunkt für die Grabungen nach den oben angesprochenen „Diamanten", also den Ausnahmen vom Problem, können die folgenden Überlegungen und Fragen sein:

- Ihre Probleme sind sicher belastend und einschränkend. Und sie sind nicht auf die leichte Schulter zu nehmen. Gleichzeitig bestehen diese Probleme vermutlich nicht 24 Stunden am Tag oder durchgängig die ganze Woche. Überlegen Sie einmal für sich: Können Sie sich an irgendwelche Momente erinnern, in denen Sie etwas besser durchatmen konnten? Oder gab es in den letzten Wochen Zeiten, in denen Ihre Probleme ein klein wenig weniger schlimm waren? Bitte nehmen Sie sich Zeit, Ihre Gedanken schweifen zu lassen. Bitte versuchen Sie, diese Momente nicht zu schnell als unwichtig abzutun; wir neigen natürlich dazu, daran zu glauben, dass Ausnahmen die Regel bestätigen.
- Überlegen Sie zudem: Ist das Problem manchmal nicht da oder weniger schlimm? Ist es schon mal vorgekommen, dass das Problem nicht so be-

lastend oder überhaupt nicht da war, obwohl Sie es eigentlich erwartet hätten? Oder tauchen irgendwelche Momente in Ihrer Erinnerung auf, in denen Sie bereits etwas von dem tun, was Sie wollen, was Ihnen wichtig ist?
- Vielleicht mögen Sie auch noch einmal Ihre beste Freundin oder Ihren besten Freund in Ihre Gedanken einbeziehen: Wenn diese bzw. dieser gefragt würde, ob Sie in der letzten Zeit auch einmal etwas bessere Tage hatten, was, glauben Sie, würde sie bzw. er sagen?

Was fällt Ihnen zu diesen Fragen ein? Bitte tauchen Sie möglichst intensiv in die Situation ein und überlegen Sie weiter:
- Wo war das? In welcher Umgebung, wie sieht es da aus?
- Wenn Sie sich das genau vorstellen: Wie geht es Ihnen, wie fühlt sich das an? Wie reagiert Ihr Körper in der Situation? Was fühlen, riechen, spüren Sie? Fühlt sich das nach der richtigen Richtung für Sie an?
- Wenn das öfter passiert, kommen Sie dann Ihrer Meinung nach für sich weiter in Bezug auf Ihre Ziele?

Halten Sie die Situation für sich innerlich fest, und/oder machen Sie sich Notizen dazu.

Wenn Sie sich gut in die Situation einfühlen können, soll an dieser Stelle der „Ausnahme-Diamant" noch genauer in Augenschein genommen werden: Was meinen Sie, haben Sie möglicherweise etwas dazu beigetragen oder getan, dass diese Ausnahme entstanden ist?
- Wenn Sie diese Frage verneinen, Sie also eher den Eindruck haben, dass es solche Schwankungen oder Ausnahmen wohl gibt, sie Ihnen jedoch zufällig vorkommen, dann richten Sie bitte Ihre Aufmerksamkeit in der nächsten Zeit auf die Ausnahmen und beobachten Sie spontane oder als zufällig erlebte Ausnahmen noch einmal ganz genau.
- Haben Sie dagegen den Eindruck, dass Sie möglicherweise zu diesen Schwankungen (zumindest ein wenig) beigetragen haben, dann lesen Sie weiter.

Erst einmal ist es ja sehr spannend, dass es Schwankungen oder Ausnahmen vom Problem gibt. Wie bereits erwähnt, glauben wir als Psycholog:innen hier nicht an Zufälle, sondern irgendwie scheint das Problem Sie nicht immer im Griff zu haben, Sie scheinen irgendetwas zu tun, um solche Durchbrüche zu erzielen. Es ist in der Regel nicht leicht, genau herauszufinden, was eine Person im Einzelnen dazu beiträgt. Das liegt vor allem daran, dass, wenn es uns gelingt, ein Problem (ein Stück weit) zu lösen, dabei oft Gewohnheiten zum Tragen kommen, die uns sehr selbstverständlich erscheinen. Genau dabei handelt es sich um unsere Ressourcen. Manchmal merken wir kaum, dass wir diesbezüglich aktiv sind. Das vermeintlich Selbstverständliche ist uns kaum der Rede wert – es ist eben „alltägliche Magie", zugleich so üblich und normal, dass wir es leicht übersehen. Unter einer ressourcenorientierten Perspektive geht es aber genau darum: Was steckt schon in uns an Problemlösungsmöglichkeiten, auf denen wir aufbauen können? Also versetzen Sie sich bitte noch einmal in die Situation mit der Ausnahme und überlegen Sie genau: Was haben Sie hier getan, was ist Ihnen durch den Kopf gegangen? Wie sind Sie mit Ihren Gefühlen in der Situation mit der Ausnahme umgegangen? Und – ganz entscheidend – gibt es möglicherweise Unterschiede dazu, wie Sie sonst mit dem Problem umgehen?

Was könnten Unterschiede sein? Das Wörtchen „einfach" kann hier ein Signal sein (z. B. „Ich habe *einfach* gedacht, ich mache das jetzt"; „Ich habe mich *einfach* darauf konzentriert, was in der Situation passiert"; „Ich habe *einfach* versucht, ruhig zu bleiben", etc.). Bitte notieren Sie kurz, was Sie *einfach* (oder auch kompliziert) in der Ausnahmesituation getan haben. Falls Sie den Eindruck haben, dass die Ausnahme vor allem von den äußeren Rahmenbedingungen abhängig war, fragen Sie sich bitte: Hätten Sie es trotz dieser Rahmenbedingungen (gutes Wetter, nette Menschen, weniger Stress) hinbekommen können, sich schlecht (ängstlich, traurig, wütend) zu fühlen? Wie hätten Sie das schaffen können? Und wie haben Sie es geschafft, nicht in diese „Fettnäpfchen" hineinzutreten?

Denken Sie sich noch einmal in Ihre Ausnahmesituation hinein und betrachten Sie diese – diesen „Ressourcendiamanten" – von allen Seiten: Was sehen Sie? Hier ist jede noch so kleine Facette von Interesse, die in die richtige Richtung geht: ein kleiner Moment, den Sie abwarten, ein etwas aufmunterndes Selbstgespräch oder etwas mehr Gnade mit sich selbst; jede Sekunde, die Sie klarer bei dem geblieben sind, was Sie eigentlich möchten, und jeder kleine Versuch, sich nicht völlig vom Problem gefangen nehmen zu lassen.

Möglicherweise kann es auch hier sinnvoll sein, sich einmal in die Position einer Ihnen nahestehenden Person zu versetzen: Was, denken Sie, würde (Ihr Partner, Ihre Freundin, Ihre Tochter usw.) sagen, was Sie hier bzw. in diesen

Ausnahmezeiten anders machen? Bitte notieren Sie im Einzelnen, was Sie getan haben (und verlassen Sie sich möglichst nicht zu schnell auf innere Einwände, wie „das ist doch nichts, das bringt doch nichts“). Um Ihnen zu verdeutlichen, wie so etwas ablaufen kann, folgt hier das Beispiel von Herrn G.

### Fallbeispiel: Herr G. und die Ausnahme vom Problem

Auf die Frage, ob seine Probleme in letzter Zeit einmal nicht so extrem drängend oder gar deutlich weniger gewesen seien, fällt Herrn G. ein, dass er sich an seinem Geburtstag „leichter“ gefühlt habe und er mit seiner Familie essen gehen konnte (im Unterschied zu sonst, wo er sich kaum aus dem Haus traue). Es sei regelrecht schön gewesen: Er habe es genossen, mit den anderen zusammen zu sein, und es sei lebendig und auch lustig gewesen.

Erstmal fällt es Herrn G. schwer, sich vorzustellen, dass er etwas dazu beigetragen haben könnte, dass hier eine Ausnahme entstand. Seine Familie sei ja so nett gewesen ... Als er jedoch länger über die Situation nachdenkt, fällt ihm auf, dass er sich in der Situation deutlich auf seine Familienmitglieder, ihre Gespräche und das Essen konzentriert habe (im Unterschied zu Problemzeiten, wo er mit der Aufmerksamkeit vor allem bei seiner aktuellen Befindlichkeit sei). Im Vorfeld habe er sich einerseits gut zugeredet („Irgendwie wirst du das schon hinkriegen“) und sich andererseits die Erlaubnis gegeben, die Situation jederzeit verlassen zu dürfen (im Unterschied zu Problemzeiten, wo er sich eher mit seinen bisherigen Misserfolgen beschäftige und sich unter Druck setze). Als ihm zwischendurch auch einmal Bedenken kamen, habe er sich etwas Zeit gegeben und abgewartet, sodass er spüren konnte, dass er sich wieder stabiler in der Situation fühlte (im Unterschied zu Problemsituationen, in denen er so schnell wie möglich abgebrochen habe, aus der Sorge heraus, dass es sonst noch schlimmer werde). Wenn er da nun so draufschaue, sei er eigentlich ganz zufrieden, wie er mit der Situation umgegangen sei – und außerdem habe sich ja gezeigt, dass die Angst nicht immer Recht hat.

Auf die Frage, was er denn von diesen Schritten, die ihm in dieser Situation etwas weitergeholfen haben, am ehesten und leichtesten wohl auch zukünftig nutzen könne, meint Herr G., dass wahrscheinlich die Mischung aus „Warte doch noch mal einen Moment, jede Minute, die du drinbleibst, zählt“ und „Du kannst immer noch und jederzeit gehen“ für ihn brauchbar scheint.

Wie können Sie nun Ihre Ressourcen, die sich in den Ausnahmen zeigen, weiter nutzen? Entscheidend für die weitere Arbeit mit Ausnahmen bzw. Schwankungen ist die Auseinandersetzung mit den folgenden Fragen: Wenn Sie weiterhin so handeln würden, würde das Ihre aktuelle Situation verbessern und auch Ihr Leben besser machen, kommen Sie so Ihren Zielen näher? Verwirklicht sich damit ein Aspekt Ihrer Träume? Wenn die Dinge, die Sie in Ausnahmesituation anders gemacht haben, als Prinzipien verstanden würden, mit denen Sie Ihren Zielen ein wenig näherkommen könnten, fragen Sie sich einmal: Haben Sie diese Prinzipien (wie z. B. sich aufraffen, Bekannte treffen oder Dinge erledigen) vielleicht schon einmal in anderen Situationen genutzt, und war das ebenfalls nützlich und gut? Was denken Sie: Wenn wir eine Ihnen zugeneigte Person fragen würden, ob das in die richtige Richtung geht, was würde diese sagen?

Sofern das, was Sie in der Ausnahmesituation getan haben, zielführend zu sein scheint, überlegen Sie bitte: Wie können Sie es schaffen, dies öfter zu tun? Fangen Sie bitte (unbedingt) mit dem einfachsten an: Was fühlt sich relativ machbar an? Woran können Sie in einer schwierigen Situation denken? Was ist – zumindest in Teilen – relativ leicht umzusetzen? Wie können Sie es im Kopf behalten mit möglichst wenig Aufwand? Fallen Ihnen vielleicht schon Situationen ein, in denen Sie eines der Ausnahmeprinzipien nutzen können? Planen Sie doch bitte einmal für sich so eine Situation durch und wie Sie Ihre Ausnahmeressourcen hier einbringen können.

### „Kleine Schritte sind der Anfang von großen Schritten!“

Es wäre sehr schön, wenn unsere Probleme auf Knopfdruck einfach verschwinden würden, so wie ein Wetterhäuschen von schlechtem auf schönes Wetter umspringt. Doch da dies einerseits nicht möglich ist und wir andererseits Gewohnheitstiere sind, unser Verhalten also oftmals (automatisierten) Gewohnheiten folgt, verlangt jede Verhaltensänderung – selbst zum Positiven – Zeit. Darüber hinaus braucht so eine gezielte Veränderung Aufmerksamkeit und fordert gleichzeitig unsere Ressourcen, nämlich die bei uns vorhandenen Reaktionsbereitschaften. Zudem benötigen wir vor allem auch

Geduld – idealerweise verbunden mit einer gnädigen und fehlerfreundlichen Haltung uns selbst gegenüber.

In gewisser Weise lassen sich Ausnahmen und Ihre sich darin zeigenden Ressourcen als Trampelpfade um das Problem herum verstehen. Sie sind erst einmal nicht besonders gut ausgetreten, zunächst als Weg kaum zu erkennen und müssen überhaupt erst einmal entdeckt werden. Bei genauem Hinschauen lässt sich der Pfad dann aber doch ausmachen. Wenn Sie diese Wege öfter gehen, wird der Weg immer sichtbarer, breiter und gebräuchlicher bis er sich schließlich zur „Ressourcenhauptstraße" oder gar „Ressourcenautobahn" ausgeweitet hat.

So wie Sie in den vorherigen Kapiteln Ihren Ausnahmen vom Problem Aufmerksamkeit gewidmet und diese genau analysiert haben, können Sie sich auch weiteren Fortschritten zuwenden. Selbst wenn Sie Rat und Unterstützung von anderen in Anspruch genommen haben, um Ihre Schwierigkeiten zu überwinden, geht doch das Gelingen von entsprechenden Schritten in nicht unwesentlichem Maße auf Sie zurück: Sie passen den Rat an Ihre Voraussetzungen und die konkrete Situation an, Sie regulieren Ihre Gefühle und Ihr Verhalten in der Situation.

Bitte vergessen Sie nicht: Wir wissen im Vorhinein niemals sicher, dass etwas, das zu einer Ausnahme vom Problem geführt hat, auch in einer anderen Situation funktioniert. Es bleibt immer ein kleines Experiment, auch wenn die Chancen gut stehen, dass es Ihnen glückt. Aber wie auch immer Ihre Experimente ausgehen: Sie können stolz auf sich sein, dass Sie sich wieder nicht aufgegeben haben, indem Sie etwas versucht haben.

## 4.2 Ihre Sternstunden

Das vorherige Kapitel hat sich deutlich auf den Problembereich und Ihre Ressourcen in diesem Zusammenhang konzentriert. Ihre Ressourcen kommen natürlich auch in Situationen zum Tragen, in denen Sie besonders gut mit einer Situation umgegangen sind oder besonders erfolgreich waren. Dabei muss es nicht um große Erfolge gehen, die andere vielleicht auch als solche wahrgenommen haben, oder die besonders bedeutsam waren. Vielmehr verstehen wir „Sternstunden" als Momente, in denen wir mit uns sehr oder ziemlich zufrieden waren. Möglicherweise hat sich dort ein deutliches „Ja, super!"-Gefühl eingestellt (das sich auch körperlich gezeigt hat, z. B. in einem Lächeln).

**Ihre Sternstunden als Geschichte**

Schreiben Sie diesen Moment doch einmal als kleine Geschichte auf – beispielsweise in Ihr Begleitheft – und konzentrieren Sie sich dabei auf Ihre Ressourcen:

- Welche Ihrer Fähigkeiten oder Stärken kommen in dieser Sternstunde zum Tragen?
- Wie haben Sie es hinbekommen, dass die Situation so gelaufen ist?
- Was haben Sie im Einzelnen dazu beigetragen?
- Welche sozialen Ressourcen, die Sie sich im Laufe der Zeit aufgebaut haben, kamen hier zum Tragen?

Es wurde bereits angesprochen, dass es sich empfiehlt, mit sich selbst freundlich umzugehen. Im nächsten Kapitel werden dazu Ideen zum (Selbst-)Mitgefühl aufgegriffen: Es geht dabei darum, wie Sie sich davor schützen können, sich wegen Ihrer Probleme zu verurteilen.

# 5 Mitgefühl mit uns selbst und anderen – ein Weg zu etwas mehr Sicherheit und Ruhe

Das Leben ist kein Ponyhof – aber *trotzdem* können wir glücklich sein und werden. Dies leitet unsere Perspektive auf Resilienz. Damit wir trotz der Widrigkeiten und des Leids in der Welt etwas Glück in unser Leben bringen, brauchen wir uns selbst, unsere Kraft und unsere Fähigkeiten. Unter einer psychologischen Perspektive sind wir selbst damit die größte Ressource, die wir haben. Oder anders betrachtet: In gewisser Weise ist jede Form der Selbstkritik eine Beschädigung unseres Selbst – wir werfen uns Mängel vor, greifen uns selbst an, bis hin zu gnadenloser Verachtung. Wie soll der arme Wurm, der da noch übrigbleibt, mit den Herausforderungen des Daseins zurechtkommen? So wäre es doch besser, vorsichtig mit uns umzugehen, und darauf zu achten, dass wir uns bei unseren Projekten nicht selbst beschädigen bzw. verurteilen.

Gleichzeitig ist es nicht so leicht, den „inneren Kritiker:innen" in uns zu entkommen. Wir haben sie meist früh in unserer Kindheit von wichtigen Bezugspersonen vermittelt bekommen, und wir sind und machen natürlich auch nicht immer alles richtig, perfekt oder gut. Manchmal sind die „inneren Kritiker:innen" auch hilfreich, da sie uns helfen, die Perspektive unserer Umwelt vorherzusehen und/oder uns dazu bringen, uns in manchen Situationen anzustrengen. Aber sie schwächen uns auch, machen es schwer, an uns selbst zu glauben oder wahrzunehmen, wie sehr wir uns anstrengen und viele Dinge zwischen „ganz o.k." und „einfach wunderbar" tun.

Wie können wir es schaffen, etwas vorsichtiger mit uns als Mängelwesen umzugehen und uns so nicht noch zusätzliche Kraft zu rauben? In diesem Zusammenhang ist das Konzept des Selbstmitgefühls oder Mitgefühls (compassion oder self-compassion; siehe z.B. Gilbert & Choden, 2020) hilfreich. Selbstmitgefühl meint, dass wir auch uns selbst gegenüber Mitgefühl für unsere Mängel, unsere Fehler, unser Bemühen und unser Leid entwickeln – vielleicht so, wie wir es gegenüber einer guten Freundin oder einem guten Freund tun würden. Selbstmitgefühl ist verbunden mit einer gewissen Wärme und Freundlichkeit uns selbst gegenüber, gerade dann, wenn wir Schmerz erleben oder an unsere Grenzen kommen. Dieses Selbstmitgefühl gründet sich u. a. in dem Wissen, dass Leid und persönliches Versagen ganz grundlegend Teil allgemeiner menschlicher Erfahrung sind. Und so ist Selbstmitgefühl auch verbunden mit einer gewissen Milde und Nachsicht gegenüber anderen, ihren Fehlern, „Dummheiten" und Unvollkommenheiten; auch wenn es schwer ist und sich das erst einmal geradezu widersinnig anhört, kann das auch verletzendes und „böses" Verhalten anderer Personen uns gegenüber umfassen.

Selbstmitgefühl muss jedoch einerseits von Selbstmitleid abgegrenzt werden, bei dem sich eine Person eher als Opfer der Verhältnisse erlebt und nicht das Vertrauen in sich und die eigenen Kompetenzen hat, mit der jeweiligen Situation umzugehen. Andererseits geht es auch nicht um ein gutes oder überhöhtes Selbstwertgefühl oder das Streben danach, sondern eher um eine durchaus bescheidene, sich selbst und auch anderen gegenüber gnädige und wertschätzende Grundhaltung.

**Gedankenexperiment**

Vielleicht mögen Sie an dieser Stelle einen Moment innehalten und sich erst einmal fragen, ob Sie mit der folgenden Idee mitgehen können: „Wir brauchen uns selbst als Ressource, um mit den Wechselfällen des Lebens umzugehen. Genau wie der Rest der Menschheit sind wir verletzlich, fehlbar und unvollkommen. Daher ist es sinnvoll, mitfühlend mit unseren Grenzen, Fehlern und unserem Leid umzugehen; auch gegenüber anderen und deren Unvollkommenheiten ist eine mitfühlende Haltung nützlich."

Wo regt sich hier bei Ihnen Widerspruch? Was spricht aus Ihrer Sicht gegen eine Haltung, die durch Selbstmitgefühl und Gnade gegenüber den Unvollkommenheiten unserer Umwelt gekennzeichnet ist?

Bitte nehmen Sie sich Zeit, prüfen Sie diese Idee für sich und notieren Sie Ihre Gedanken dazu auf den folgenden Zeilen oder in Ihrem Begleitheft.

Auch wenn Sie begründete Zweifel an der Idee von Selbstmitgefühl und einer mitfühlenden Haltung insgesamt haben, können Sie einmal die folgende Einschätzung für sich vornehmen. Bitte machen Sie sich auf den folgenden Zeilen oder auch in Ihrem Begleitheft Notizen.

**Mitfühlende Haltung**

Wenn ich so auf meine Erfahrungen in schwierigen Situationen schaue: Wo habe ich erlebt, dass ein wenig gnädiger bis gnadenloser Blick auf mich selbst mich eher behindert hat?

________________________________________

________________________________________

________________________________________

________________________________________

Werfen Sie bitte zudem noch einmal einen Blick darauf, wie es mit Ihrem Mitgefühl mit anderen bzw. Ihrer sozialen Umgebung aussieht. Auf einer Skala von „gar nicht“ bis „voll und ganz“ – wie schätzen Sie aktuell Ihr Mitgefühl mit anderen ein?

| | Gar nicht | | | | | | | Voll und ganz |
|---|---|---|---|---|---|---|---|---|
| Ich verachte und verurteile andere für ihr Leid, ihre Fehler und Grenzen. | ○ | ○ | ○ | ○ | ○ | ○ | ○ | ○ |
| Auch angesichts ihres Leids, ihrer Fehler und Grenzen gelingt es mir, mit anderen einigermaßen gnädig zu sein. | ○ | ○ | ○ | ○ | ○ | ○ | ○ | ○ |

Gesetzt den Fall, dass es für Sie Sinn ergibt, etwas mehr Selbstmitgefühl zu entwickeln, werden Ihnen in den nächsten Kapiteln einige Anregungen gegeben.

## 5.1 Etwas mit den Augen einer guten Freundin bzw. eines guten Freundes sehen

An dieser Stelle folgt ein weiteres Gedankenexperiment, nämlich zu einer schwierigen Situation, in der Sie mit Ihrem Verhalten nicht zufrieden waren.

**Gedankenexperiment**

Bitte stellen Sie sich vor, dass eine gute Freundin oder ein guter Freund, die bzw. den Sie sehr schätzen, in diese Situation geraten ist. Sie bzw. er ist recht unglücklich damit und vor allem mit sich unzufrieden; vielleicht sogar verzweifelt darüber, wie sie bzw. er sich da verhalten hat. Ihre Freundin bzw. ihr Freund kommt zu Ihnen und erzählt Ihnen von der Situation, schämt sich deswegen, und es fällt ihr bzw. ihm nicht leicht, Ihnen das Ganze zu erzählen. Sie nehmen ihre bzw. seine Qual wahr. Wie reagieren Sie darauf? Was sagen Sie Ihrer Freundin bzw. Ihrem Freund dazu? Bitte notieren Sie Ihre Gedanken auf den folgenden Zeilen bzw. in Ihrem Begleitheft.

________________________________________

________________________________________

________________________________________

________________________________________

Wenden Sie sich nun Situationen oder Zeiten zu, in denen Sie sich selbst nicht mögen, ablehnen oder mit sich kämpfen: Wie gehen Sie typischerweise mit sich selbst um? Wie sehen Sie sich, was denken oder sagen Sie zu sich selbst? Achten Sie bitte auch auf den Ton, auf das „Wie", wie Sie auf sich reagieren. Bitte notieren Sie auch dies auf den folgenden Zeilen bzw. in Ihrem Begleitheft.

________________________________________

________________________________________

________________________________________

________________________________________

Bitte vergleichen Sie – können Sie einen Unterschied bemerken? Was glauben Sie, welche Faktoren oder welche Ängste spielen dabei eine Rolle, dass Sie auf eine gute Freundin bzw. einen guten Freund so unterschiedlich reagieren?

________________________________________

________________________________________

________________________________________

________________________________________

Stellen Sie sich nun bitte vor, Sie würden in einer Situation, in der Sie mit sich nicht zufrieden sind und sich ablehnen, so mit sich umgehen wie mit einer guten Freundin bzw. einem guten Freund: Was, glauben Sie, wäre anders? Inwiefern würde es anders sein? Bitte machen Sie sich auch hierzu Notizen.

Die soeben beschriebene Übung können Sie in verschiedenen Situationen ausprobieren, vielleicht gerade immer dann, wenn Sie spüren, dass Ihre „innere Kritikerin“ bzw. Ihr „innerer Kritiker“ Ihnen im Nacken sitzt und Ihnen eher Kraft raubt, als Sie zu unterstützen.

### Der verpasste Zug und angewandtes Selbstmitgefühl

Insbesondere kleinere Missgeschicke können Ausgangspunkt dafür sein, sich eine Haltung des Selbstmitgefühls anzueignen: Paul Gilbert, einer der wichtigsten Forscher im Bereich des Selbstmitgefühls, berichtete beispielsweise von folgender Situation: Auf dem Weg zu einem Vortrag kam er morgens sehr früh am üblichen Bahnsteig an und wartete auf den Zug. Als dieser nicht kam, erkundigte er sich bei einem Bahnmitarbeiter, der ihm sagte, dass der Zug doch längst von einem anderen Gleis abgefahren sei. Paul Gilbert fühlte deutlichen Ärger über sich selbst aufsteigen: „Du Idiot, warum guckst du nicht, wo der Zug losfährt, warum verlässt du dich einfach auf deine Gewohnheit? Du bist extra so früh aufgestanden, jetzt stehst du hier mindestens eine Stunde rum und kommst wahrscheinlich noch zu spät, bloß weil du nicht aufgepasst hast!“ Im Bemühen um etwas Mitgefühl mit sich selbst versuchte er zunächst, den inneren Kritiker etwas zurückzuhalten, u.a. indem er bewusst langsam atmete und so versuchte, sich zu beruhigen. In der Situation fand er dann für sich zu folgender Antwort: „Was ist wirklich wichtig? Das Leben wirft uns mit solchen Schwierigkeiten zu, und wir können sie uns nicht aussuchen, wir werden da reingeworfen. Wie möchtest du eigentlich sein, wo sind deine Stärken? Spüre, wie du sicher stehst.“ In seiner Vorstellung hörte er dabei eine freundliche und liebevolle Stimme.

Natürlich ist es nicht einfach, Abstand von den inneren Kritiker:innen zu gewinnen. Der Blick auf Ihre Stärken und Ihr Bemühen, mit dieser doch eigentlich „unmöglichen Welt" zurechtzukommen, kann Sie hier vielleicht etwas zur Ruhe bringen.

**Ein weiteres Gedankenexperiment**

Vielleicht möchten Sie auch noch eine andere Perspektive einnehmen? Sie können überlegen, welche Art von Lehrerin bzw. Lehrer Sie sich für Ihr Kind wünschen. Und welche Art Lehrerin oder Lehrer sind Sie für sich selbst? Nehmen Sie sich für diese Fragen Zeit und machen Sie sich auch schriftliche Notizen dazu, hier oder in Ihrem Begleitheft:

________________________________________

________________________________________

________________________________________

________________________________________

Wir haben die kritischen Stimmen in uns in der Regel so gut eingeübt, dass ein flüchtiger mitfühlender Gedanke ihnen gegenüber kaum eine Chance hat. Je öfter es Ihnen gelingt, aktiv Ihr Selbstmitgefühl zu aktivieren, diesen „Muskel" quasi zu trainieren, desto leichter wird es. Zur Vertiefung folgt im nächsten Kapitel eine weitere Übung, die genau diesen „Muskel" trainiert.

## 5.2 Das mitfühlende Selbst

**Gedankenexperiment**

Stellen Sie sich bitte vor, Sie hätten Selbstmitgefühl und auch Mitgefühl mit sich selbst und mit anderen – wie sieht das im Einzelnen aus? Nehmen Sie sich bitte wieder etwas Zeit, um über die folgenden Fragen in Ruhe nachzudenken:

- Welche Gedanken gehen Ihnen durch den Kopf?
- Wie fühlen Sie sich in Ihrem Körper? Wie atmen Sie?
- Wie bewegen Sie sich, welche Körperhaltung haben Sie?

- Welcher Gesichtsausdruck ist damit verbunden?
- Welche Erinnerungen kommen Ihnen in den Sinn?
- Worauf achten Sie in Ihrer Umgebung, bei den Menschen, auf die Sie treffen?
- Was interessiert Sie? Womit beschäftigen Sie sich, wofür setzen Sie sich ein?
- Welche Bilder tauchen auf, was stellen Sie sich vor?
- Wie geht es Ihnen mit sich selbst, wie fühlen Sie sich selbst gegenüber?
- Was macht Sie aus, welche Eigenschaften, welche Stärken?
- Wie stehen Sie zu anderen?

Vielleicht mögen Sie die Augen schließen, und sich Ihr mitfühlendes Selbst, den Teil von Ihnen, der selbstmitfühlend ist und auch Mitgefühl mit anderen hat, bildlich vorstellen. Vielleicht können Sie sogar ein „inneres Foto" davon machen. Oder gibt es, wenn Sie sich in Ihrer Umgebung umsehen, vielleicht irgendeinen Gegenstand oder ein Bild, der bzw. das zu Ihrem selbstmitfühlenden Selbst passt? Ein Symbol, das für Ihr selbstmitfühlendes Selbst stehen könnte?

Um besser nachvollziehen zu können, was ein Symbol für Selbstmitgefühl sein könnte, geben wir Ihnen hier ein Beispiel:

**Fallbeispiel: Frau G. – ein Symbol für Selbstmitgefühl**

In der Beratung wird Frau G. danach gefragt, ob sie vielleicht einen Gegenstand hat, der für ihren mitfühlenden, unterstützenden Teil steht. Frau G. lächelt und sagt, ja, sie habe so einen Gegenstand. Vor vielen Jahren sei sie auf einer Reise in Italien gewesen. Dort habe sie in einem kleinen Ramschladen eine dunkle Holzfigur entdeckt und gleich gedacht, wie schön und richtig diese für sie sei. Sie habe sie dann erworben und bis heute stehe sie an einem wichtigen Ort in ihrer Wohnung. Die Figur ist eine schmale, aufrechte Frau, die auf einem Stuhl sitzt. Rechts und links von ihr befinden sich kleinere Figuren, die neben ihr stehen und sie schützen, die bei ihr sind. Auch hinter ihr sind drei Figuren angeordnet, die ihr den Rücken freihalten und ihn schützen.

Diese Figur erinnere sie daran, dass sie Schutz brauche und verdient habe, beruhige sie in schwierigen Zeiten und helfe ihr, ruhig durchzuatmen. Oft würde sie die Figur jedoch auch vergessen.

Ihre Beraterin bittet sie, diese Figur beim nächsten Mal mitzubringen, und fragt sie dann, ob die Figur einen Namen habe. Frau G. hat daran bisher nicht gedacht und gemeinsam entscheiden sie, die Figur Frau G.'s guten Geist zu nennen. Ihre Beraterin bittet Frau G., ihren guten Geist in die Hand zu nehmen, kurz aufzustehen, die Rolle ihres guten Geistes einzunehmen und sich dann wieder zu setzen. Der gute Geist und die Beraterin unterhalten sich dann: Wie ist das mit Frau G.? Was tut der gute Geist für Frau G.? Was sieht er, was mit Frau G. los ist? Was sieht er, was sie braucht? Was sieht er, wo sie davon schon ein Stück hat und wie sie das macht? Was für ein Mensch ist Frau G.? Wo tut sie sich gut? Wo braucht sie Unterstützung? Wo und wie achtet sie gut auf sich? Wie hält sie es mit den anderen, welche Menschen sind für sie gut? Wie hat sich Frau G. in den letzten Jahren entwickelt, seitdem ihr guter Geist bei ihr wohnt?

Vielleicht können Sie dieses Beispiel als Anregung dafür nutzen, sich ein passendes Objekt für Ihr Selbstmitgefühl zu suchen, quasi einen „Engel", der Sie begleitet und mit dem Sie ins Gespräch kommen können.

Diese zuletzt beschriebenen Übungen bzw. Gedankenexperimente und die Idee, sich ein Objekt zu suchen, das für das Mitgefühl mit sich selbst und anderen steht, sind nur einzelne Anregungen dafür, wie Sie Selbstmitgefühl und Mitgefühl mit anderen entwickeln können. Falls diese Vorschläge Sie ansprechen und dies ein Weg wäre, Ihre Ressourcen besser zu nutzen und Ihre Resilienz weiterzuentwickeln, können Sie z. B. bei Gilbert und Choden (2020) noch weitere Anregungen finden.

Bisher lag der Fokus auf Ihre persönlichen Ressourcen. Es ging um die Frage, wie Sie Ihre Ressourcen identifizieren und wie Sie sie aktivieren können, um Ihre aktuelle Situation zu verbessern. Im Weiteren liegt der Fokus auf Ihrem sozialen Umfeld, Ihrem „sozialen Kosmos".

# 6 Die Ressourcen Ihres sozialen Kosmos

Wir sind soziale Wesen und allein nicht lebensfähig. Bindungen, also enge, verlässliche und vertrauensvolle Kontakte gehören zu den zentralen Grundbedürfnissen von Menschen (vgl. Kapitel 1). Wir brauchen Kontakt, wir streben ihn immer wieder an; sich mit anderen verbunden und geschätzt zu fühlen, trägt wesentlich zum Wohlbefinden bei. Gleichzeitig unterscheiden sich Menschen darin, welche Art von Kontakt und wie viel Kontakt ihnen wichtig ist.

In diesem Kapitel soll ein Blick auf Ihren sozialen Hintergrund und Ihre soziale Unterstützung geworfen werden. Wir wissen natürlich, dass andere Menschen für uns nicht immer nur ein Quell der Freude, sondern oft auch des Leids sind. Fühlen Sie sich nun dazu eingeladen, einmal explizit auf die angenehmen und hilfreichen Kontakte in Ihrem Leben zu schauen: Menschen, die Sie (auch) schätzen, die für Sie wichtig sind, die Ihnen vielleicht Anregungen geben (auch wenn es Unterschiede zwischen ihnen oder auch mal einen Misston gibt) und Menschen, von denen Sie (auch) geschätzt werden, die Ihnen deutlich zugeneigt sind, sei es im privaten oder beruflichen Bereich. In diesem Zusammenhang laden wir Sie auf zwei Exkursionen ein: zum einen in Ihre Kindheit und Jugend, Ihre Ursprungsfamilie und andere für Sie damals wichtige Personen; zum anderen in Ihr aktuelles soziales Umfeld.

## 6.1 Ihr Ressourcenstammbaum

Die Familie, in die wir hineingeboren wurden, haben wir uns nicht ausgesucht; gleichzeitig ist sie selbstverständlich für uns, wir kennen ja erst einmal nichts anderes. Wir sind darauf angewiesen, dass uns unsere Familie versorgt (und hoffentlich hat sie dies auch einigermaßen hinbekommen). Zum Einstieg in das Thema finden Sie im Folgenden den Ressourcenstammbaum von Herrn P.

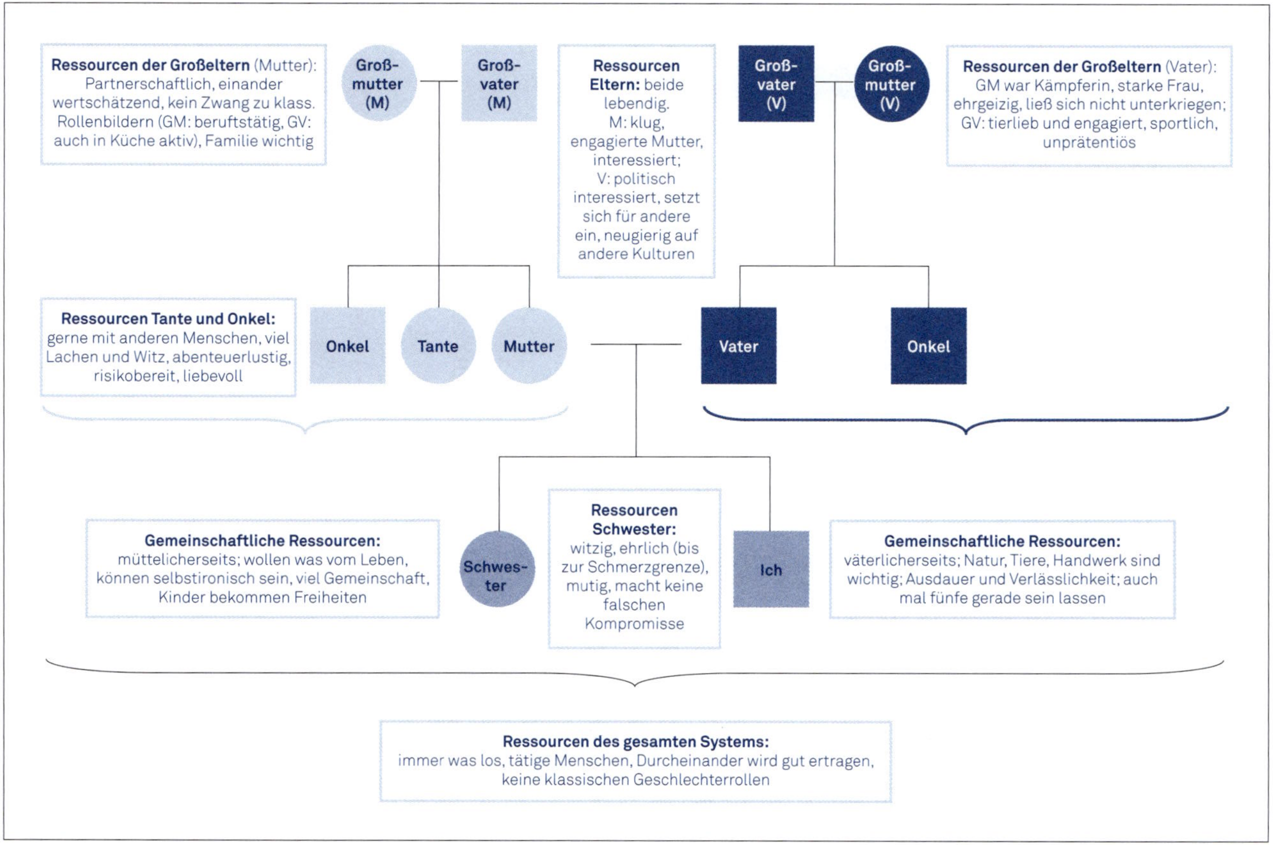


**Abbildung 2:** Der Ressourcenstammbaum von Herrn P.

### Fallbeispiel: Der Ressourcenstammbaum von Herrn P.

Abbildung 2 (vgl. Seite 57) gibt einen Einblick in den Ressourcenstammbaum von Herrn P., 23 Jahre alt. Er studiert gerade weit weg von seiner Familie und hat damit einige Schwierigkeiten. Es fällt ihm zunächst etwas schwer, auf die Ressourcen seiner Familie zu schauen, da er einiges zu kritisieren habe (vor allem an den Großeltern, seiner Mutter und seiner Schwester). Der Kontakt mit ihnen sei nicht immer unbelastet. Gleichwohl fallen ihm dann doch (viele) gute Eigenschaften ein, die er im Rückblick so bestätigen könne („So ist das schon auch"). Sehr gerne möge er seinen Onkel und seine Tante; diese hätten sich immer für ihn interessiert, ihn überall mit hingenommen, und ihm viel gezeigt.

Die Lebendigkeit in seiner Familie sei ihm noch einmal klar geworden, und dass man nicht so konventionell sei, also auch mal blöde Witze machen könne. Er sei froh, dass es in seiner gesamten Familie nie so fixe Frauen- oder Männerrollen gegeben habe. Davon profitiere er bis heute (z. B. koche er gern, und das nicht schlecht). Auch die Mischung zwischen dem eher ehrgeizigen Familienteil mütterlicherseits und der „fast etwas bäuerlichen Unbekümmertheit" auf der väterlichen Seite finde er bei sich wieder; so strenge er sich manchmal richtig und intensiv an, und manchmal sei es ihm völlig egal, was die anderen über ihn denken (nach eigenen Aussagen könne er das noch besser ausbalancieren ...).

In diesem Beispiel wurde nur die Kernfamilie von Herrn P. betrachtet. Die Kernfamilie ist aber selbst in der Kindheit und Jugend nicht alles: Meist gibt es gute Freund:innen der Familien, wichtige Nachbar:innen, Lehrer:innen oder man ist Mitglied in einem Verein, in dem man sich gut aufgehoben fühlt. Aus der Studie von Emmy Werner und Kolleg:innen (vgl. Kapitel 1.3) wissen wir, dass bei vielen Kindern zumindest eine unterstützende Bezugsperson (nicht unbedingt ein Elternteil!) wichtig dafür war, dass sich die belasteten Kinder von Kauai zu resilienten und verantwortungsvollen Erwachsenen entwickeln konnten. Alle diese wichtigen Personen sind Teil unseres inneren Kosmos, oder, wie Mary Gergen es nennt, „soziale Geister" („social ghosts"; Gergen, 2001), die uns begleiten.

### Übung: Mein Ressourcenstammbaum

Bitte nehmen Sie nun ein Blatt Papier zur Hand oder Ihr Begleitheft und tragen Sie zunächst Ihre engsten Familienmitglieder[3] (entweder Ihre Eltern und Geschwister oder Ihre Partnerin bzw. Ihren Partner und Ihre eigenen Kinder) ein; von da aus gehen Sie bitte mindestens zwei Generationen (Eltern, Großeltern) zurück (gerne können Sie auch wichtige Personen, von denen oben bereits die Rede war, ergänzen). Falls das zu viele Leute werden, beziehen Sie nur die Personen ein, die für Sie wichtig sind. Gehen Sie dann die Personen durch und machen Sie sich anhand der folgenden Fragen Notizen zu den einzelnen Personen:

- Was mochten/mögen Sie an dieser Person?
- Welche gute oder schöne Geschichte bzw. Anekdote fällt Ihnen zu der Person ein?
- Wo und wie ist es Ihnen im Kontakt mit ihr gut gegangen?
- Was bringt die Person an guten Eigenschaften und Fähigkeiten mit?
- Wo war die Person in einem gewissen Sinne vielleicht ein Vorbild für Sie?

Bezogen auf Ihre Ursprungsfamilie insgesamt oder einzelne Untergruppen können Sie sich fragen:

- Gibt es bezüglich positiver Eigenschaften und Haltungen vielleicht Gemeinsamkeiten bei mehreren Personen oder haben Untergruppen im Zusammenspiel für Sie wichtige Dinge eingebracht?
- Welche guten Erfahrungen aus Ihrer Familie haben Sie mitgenommen?
- Welche Eigenschaften oder Gewohnheiten möchten Sie auf jeden Fall bewahren?
- Wie hat es Ihre Familie in einem guten Sinne geschafft, mit schwierigen Situationen umzugehen?

Schauen Sie bitte im Anschluss daran auch noch einmal auf Ihren Bezug zu Einzelnen oder auch Ihrer Familie insgesamt: Was haben Sie von der Person bzw. Ihrer Familie gelernt bzw. mitgenommen? Wo sind Sie in einem guten Sinn anders als die Person bzw. Ihre Familie? Nehmen Sie sich ruhig etwas Zeit für die Einzelnen und Ihr Familienbild.

---

3 Stammbäume oder – wie man sie auch nennt – „Genogramme“ werden schnell vielschichtig und dadurch manchmal etwas unübersichtlich. Vielleicht können Sie auch hier erst einmal mit Zetteln oder Karteikarten für die einzelnen Personen arbeiten. Bei der Darstellung von Genogrammen werden weibliche Familienmitglieder in der Regel als Kreise, männliche als eckige Formen dargestellt; überlegen Sie sich, wie Sie das machen wollen.

Wenn Sie hier zum Ende gekommen sind, überlegen Sie bitte: Wie wirkt Ihr Ressourcenstammbaum auf Sie? Was fällt Ihnen auf, welche Gefühle entstehen bei Ihnen, wenn Sie darauf schauen? Wir empfehlen Ihnen, sich ein Foto des Ressourcenstammbaums zu machen und ab und zu wieder drauf zu schauen, ihn vielleicht auch zu ergänzen.

## 6.2 Ihre sozialen Unterstützer:innen

Auch die zweite Exkursion zu den Ressourcen in Ihrem sozialen Kosmos beginnt mit einem Beispiel.

### Fallbeispiel: Der soziale Unterstützer:innenkreis von Frau W.

Frau W. ist 56 Jahre alt und sucht Unterstützung, da sie sich beruflich überfordert und privat unglücklich fühlt. Ihr Mann ist vor 3 Jahren plötzlich verstorben, kurz nachdem ihr jüngerer Sohn den Haushalt verlassen hatte. Frau W. und ihr Mann hatten sich damals schon darauf gefreut, dass sie nach der Kindererziehungszeit nun noch einmal Zeit für sich und gemeinsame Aktivitäten (sportliche Hobbys, Kleingarten, Reisen) haben werden. Auch ihre Tätigkeit als Sachbearbeiterin bei einer Krankenkasse hatte Frau W. reduzieren wollen, da ihr Mann bereits kurz vor dem Rentenalter stand. All diese Pläne wurden durch den Tod von Herrn W. zerstört. Im Rahmen einer breiten psychotherapeutischen Unterstützung, bei der es vor allem um eine bedürfnisgerechtere Gestaltung des Alltags und um die Trauer um Herrn W. ging, beschrieb Frau W. ihr soziales Unterstützungsnetzwerk (vgl. Abbildung 3).

Zu den wichtigsten Personen in ihrem Netzwerk gehören:

- In der Familie: ihre Söhne Tom (23 Jahre) und Jens (27 Jahre) sowie dessen langjährige Partnerin Eva, ihre Schwester Christine (62 Jahre) und deren Mann Andreas (62 Jahre).
- Freundschaften: ihre ehemaligen Klassenkameradinnen Maria und Sabine, ihre guten Freundinnen Lisa, Karin, Johanna und ihr alter Freund Marius.
- Arbeitskolleg:innen: ihr Kollege Bernd, ihre Kollegin Hannah.
- Nachbarn: Frau G. im Erdgeschoss, Familie H. nebenan.

- In der Kleingartenanlage: Natalie und ihre Familie aus dem Garten nebenan, Jochen aus dem Vorstand.
- Als professionelle Helfer:innen: ihre Friseurin Heike, ihr Physiotherapeut Leon.
- Und schließlich, als „lieber Geist", ihr Mann Mathias.

Frau G. ordnete die einzelnen Person in ihre Netzwerkkreise ein, die ihr näher Stehenden näher an sich heran; für sie wichtige, ihr jedoch etwas ferner stehende Personen eher auf den äußeren Kreisen (vgl. Abbildung 3).

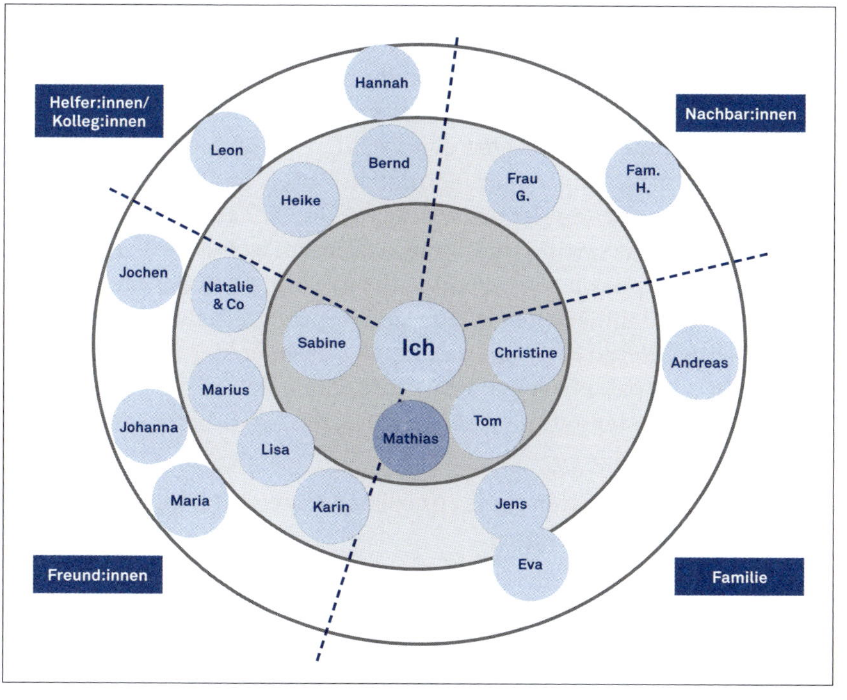


**Abbildung 3:** Sozialer Unterstützer:innenkreis von Frau W.

Frau W. fiel es zunächst schwer, offen zu sagen, dass ihr Mann in gewissem Sinne bis heute zu ihrem Unterstützerkreis gehört, sie oft innerlich im Gespräch mit ihm ist, und es ihr helfe – gerade, wenn sie allein sei – sich vorzustellen, was er ihr wohl empfohlen und gewünscht hätte. Gerade die Personen im inneren Kreis seien für sie eigentlich jederzeit ansprechbar, wenn es ihr nicht gut gehe. Sie halte sich manchmal zurück, habe Sorge, zu viel für die anderen zu sein. Wahrscheinlich mache sie sich da aber zu viele Gedanken.

Aber auch viele Menschen in den äußeren Kreisen seien für sehr hilfreich: manche, weil sie Leichtigkeit reinbringen würden (Freund Bernd, Nachbarin Frau G.), manche, weil sie sie direkt bei Erledigungen oder Problemen unterstützen (Schwager Andreas, Jochen aus der Kleingartenanlage) und manche, weil sie sie eher mal verwöhnen würden (ihre Friseurin Heike, Freundin Maria, ihre „Schwiegertochter" Eva).

Im weiteren Gespräch konnte Frau W. für viele Personen in ihrem sozialen Netzwerk recht gut beschreiben, wie diese ihr guttun, was sie von ihnen mitnimmt. Direkt danach gefragt, konnte sie auch einige Personen benennen, für die sie selbst eine wichtige Ressource (im Alltag oder in schwierigen Situationen) ist, von denen sie regelrecht gebraucht wird. Gemeinsam wurde überlegt, wie Frau W. ihre Scheu davor, auf andere zuzugehen, etwas verringern könnte; außerdem wollte sie den anderen auch mehr mitteilen, wie wichtig diese für sie sind. Auch das innere Gespräch mit ihrem Mann Mathias wollte sie intensivieren. Bei einigen Personen aus dem äußeren Kreis spürte Frau W., dass sie hier auch manchmal ein bisschen aufpassen wollte, weil diese „auch schon mal komisch" wären, und nicht immer guttäten; aber sie hätten auch hilfreiche Seiten.

Und nun können Sie Ihren Kreis an sozialen Unterstützer:innen auch einmal näher unter die Lupe nehmen.

### Übung: Meine sozialen Unterstützer:innen

Bitte nehmen Sie sich Zeit für den Kreis *Ihrer* sozialen Unterstützer:innen: Wer gehört dazu? Notieren Sie die verschiedenen Personen vielleicht auf kleinen Zetteln. Wer ist Ihnen näher, wer – wenngleich wichtig – etwas weiter entfernt? Bitte ordnen Sie die einzelnen Personen – wie in Abbildung 3 veranschaulicht – in Ihre sozialen Kreise ein. Im Arbeitsblatt 3 (vgl. Seite 82) finden Sie eine Vorlage, die Sie hierfür auch nutzen könnten. Nehmen Sie dann die einzelnen Personen bezüglich der Art von Unterstützung, die Sie von ihnen bekommen, in den Blick:

- Bekommen Sie sozialen Rückhalt (jemand ist da, präsent, gibt Sicherheit)?
- Ist diese Person eher verständnisvoll, einfühlend und solidarisch mit Ihnen?
- Spricht sie Ihnen Mut zu, schätzt die Person Sie und erkennt sie Ihre Anstrengungen und Sie als Person an?
- Können Sie sich an sie wenden, wenn es Ihnen nicht so gut geht (über Gefühle sprechen, über Ereignisse/Erleben sprechen, verstanden werden)?
- Lenkt diese Person Sie ab, können Sie mir ihr etwas unternehmen und schöne soziale Erfahrungen machen?
- Bekommen Sie von ihr im Zweifelsfall gute Ratschläge und Informationen oder auch praktische Hilfen, nimmt Ihnen diese Person etwas ab?

Wie erleben Sie diese Unterstützung, wie die Menschen, von denen sie kommt? Wie können Sie diesen Personen rückmelden, wie wichtig Ihnen die Unterstützung ist? Wie haben Sie es geschafft, diese Personen so von sich zu überzeugen oder auch zu begeistern, dass diese Ihnen diese Unterstützung schenken? Was tragen Sie dazu bei, dass diese Personen Sie mögen und bei Ihnen bleiben? Welche Kontakte möchten Sie vielleicht stärker nutzen, auf wen stärker zugehen und wie können Sie das konkret fördern?

Für die Erstellung des Kreises Ihrer sozialen Unterstützer:innen können Sie die Vorlage in Arbeitsblatt 3 (vgl. Anhang, Seite 82) verwenden.

Die hier vorgestellten Zugänge, den eigenen Ressourcen und resilientem Verhalten auf die Spur zu kommen, sind nur ein ganz kleiner Ausschnitt der Möglichkeiten, die inzwischen in Forschung und Praxis entwickelt wurden. Weitere Ideen finden Sie beispielsweise auch bei Diegelmann und Isermann (2011).

### „Ressourcen lebendig machen“: Wie erleichtern wir es uns, unsere Stärken wahrzunehmen?

Auch Psychotherapeut:innen, die immer wieder mit ihren Patient:innen über Schwierigkeiten sprechen, geraten unter Umständen in eine „Problemtrance“. Sie laufen Gefahr, die Möglichkeiten ihrer Patient:innen aus den Augen zu verlieren oder zu unterschätzen und sie damit nicht für die Bewältigung der Probleme zu nutzen. Um dieser Gefahr zu begegnen, haben Flückiger et al. (2008) das folgende „Experiment“ durchgeführt: Vor jeder Therapiesitzung fand ein kurzes Treffen der Psychotherapeut:innen mit einer Mitarbeiterin oder einem Mitarbeiter statt, in dem diese bzw. dieser sich danach erkundigte, wo die

Psychotherapeutin oder der Psychotherapeut die Stärken seiner Patientin bzw. seines Patienten sehe, und wie sie oder er plane, diese zu aktivieren und in die Arbeit einzubeziehen. Verglichen mit einer Gruppen von Psychotherapien, bei denen vorab keine solchen Gespräche geführt wurden, ließ sich beobachten, dass in den Therapiesitzungen mit vorheriger Aufmerksamkeitslenkung die Ressourcen der Patient:innen mehr Thema waren. Außerdem waren die Patient:innen in der Gruppe mit den Vorgesprächen zufriedener mit der Beziehung zu ihren Therapeut:innen, und hatten am Therapieende auch stärker von der Therapie profitiert.

Was für Psychotherapeut:innen bei ihrer Arbeit gilt, gilt für uns alle: Richten wir unsere Aufmerksamkeit stärker auf unsere Möglichkeiten und Stärken, sind diese uns präsenter und spielen in unserem Handeln eine größere Rolle. Wir „programmieren" uns quasi selbst, solche Wege zu sehen; wir lernen und bringen uns bei, in diesem Zusammenhang aufmerksamer, differenzierter, erfindungsreicher und schneller zu sein.

# 7 Dankbarkeit

Wir Autor:innen sind Ihnen dankbar, dass Sie so viel Vertrauen zu uns haben, dass Sie sich diesen Ratgeber zugelegt und dass Sie ihn bis hierher gelesen haben. Wir sind auch dankbar dafür, dass wir die Gelegenheit hatten, uns mit Psychologie und Psychotherapie zu beschäftigen und dabei auf dem Weg so viele interessante, leidensfähige, kämpferische und lernbegierige Menschen mit so vielen Ressourcen kennenlernen konnten. Und dann gibt es natürlich noch viele andere Dinge, für die wir dankbar sind, die hier aber nicht Thema sind.

Dankbarkeit ist ein positives Gefühl, das in Beziehungen zu anderen und auch zur Welt entsteht. Es beinhaltet zum einen die Wertschätzung von etwas Gutem im eigenen Leben, und zum anderen die Anerkennung, dass die Quellen dieses Guten mindestens zum Teil außerhalb des eigenen Handelns liegen. Dankbarkeit liegt uns dann näher, wenn der Beitrag der anderen dazu führt, dass wir mit einem Ereignis oder einer Aufgabe gut oder besser zurechtgekommen sind. Dankbarkeit scheint uns dabei zu helfen, positive Ereignisse in unserem Leben intensiver wahrzunehmen. Sie ist somit in der Regel die Wahrnehmung und die Wertschätzung einer externen Ressource; Dankbarkeit kann sich auch auf uns selbst beziehen, indem wir nicht selbstverständlich nehmen, was wir können (z. B. „Ich bin dankbar dafür, dass ich auch in schwierigen Situationen nicht die Fassung verliere"). Dankbarkeit ist nicht nur eine Antwort auf eine Freundlichkeit, die uns entgegen gebracht wurde, sondern sie ist auch Motivator – aber keine Garantie – für zukünftige freundliche Handlungen aufseiten des Gegenübers – sie verbindet uns also miteinander über das „Geschenk" hinaus.

**Aus der Forschung zur Dankbarkeit**

Menschen unterscheiden sich darin, wie deutlich sie Dankbarkeit spüren. Menschen, die Dankbarkeit häufiger spüren, berichten größeres Wohlbefinden. Wird Dankbarkeit öfter ausgedrückt, kommt es häufiger zu positiven sozialen Begegnungen, die ihrerseits zum Wohlbefinden beitragen. Zudem fühlen sich diejenigen, die vermehrt Dankbarkeit ausdrücken, stärker mit ihrer sozialen Umgebung verbunden. Dankbarkeit ist insgesamt mit anderen günstigen sozialen Verhaltensweisen verbunden, wie z.B. Hilfsbereitschaft, Empathie und Verzeihen. In anderen Studien fanden sich auch Bezüge zu besserem Schlaf und mehr sportlichem Verhalten.

Gerade Menschen, die insgesamt wenige positive Affekte haben, scheinen davon zu profitieren, wenn sie sich Anlässe für und Momente der Dankbarkeit bewusst machen. Insgesamt scheint es sinnvoll zu sein, sich für die Erfahrung von Dankbarkeit gezielt immer einmal wieder über einen längeren Zeitraum zu öffnen, also die eigenen Erfahrungen gezielt unter der Perspektive zu betrachten, was Gutes in ihnen steckt und wie andere dazu beigetragen haben (Lyubormirsky, 2018).

Es geht bei Dankbarkeit nicht darum, negative Ereignisse oder Verluste im Leben geradezu umzudeuten oder negative Gefühle zu übergehen. Vielmehr geht es darum, wertvollen Dingen angemessenen Raum zu gebe. Dankbarkeit gerät im Alltag manchmal in Vergessenheit – wir gewöhnen uns an gute Dinge, sehen sie irgendwann als normal und selbstverständlich an. Da die guten Dinge zur „alltäglichen Magie" werden, gehen wir einfach über sie hinweg. Wir gehen auch oft davon aus, dass unser Gegenüber doch weiß, dass wir ihm bzw. ihr dankbar sind für etwas, was wir bekommen. Oder wir haben gar Sorge, dass wir für „schleimig", übertrieben positiv, manipulativ oder unecht gehalten werden, wenn wir unsere Dankbarkeit für etwas ausdrücken. Möglicherweise wird Dankbarkeit auch manchmal zum Teil abgewehrt, um sich den eigenen Erfolg nicht durch Anerkennung des Anteils anderer schmälern zu lassen.

## 7.1 Ein Dankbarkeitstagebuch führen

Anregungen, die dabei unterstützen sollen, sich für Gefühle von Dankbarkeit zu öffnen, kommen insbesondere aus der sogenannten Positiven Psychologie. Eine klassische Übung, das Dankbarkeitstagebuch, wird im Folgenden beschrieben.

### Dankbarkeitstagebuch

Bei fast allen Menschen gibt es viele Dinge im Leben, für die sie dankbar sein können. Bitte führen Sie sich die letzte Woche vor Augen und notieren Sie auf den folgenden Zeilen (oder in Ihrem Begleitheft) bis zu fünf Dinge in Ihrem Leben, für die Sie dankbar sind.

________________________________________

________________________________________

________________________________________

________________________________________

Notieren Sie sich am besten täglich oder zumindest einmal wöchentlich, wofür Sie dankbar sind. So können Sie Ihre Aufmerksamkeit für Dinge in Ihrem Leben, für die Sie dankbar sind, trainieren und den positiven Effekt des Führens eines Dankbarkeitstagebuches spüren.

### „Alltägliche Magie“

Wenden Sie sich noch einmal der „alltäglichen Magie“ zu und beantworten Sie die folgenden Fragen: Was in Ihrem Leben möchten Sie nicht missen? Was zu verlieren wäre schmerzlich (z. B. in Ihrer Wohnung, am Arbeitsplatz, in der Nachbarschaft, in der Familie)?

________________________________________

________________________________________

________________________________________

________________________________________

Sich Momenten, Ereignissen und Personen aufmerksam zuzuwenden, für die man dankbar sein kann, ist kein Allheilmittel gegen die Zumutungen des Lebens. Es kann aber ein kleines Puzzleteil sein, um das eigene Wohlbefinden zu pflegen.

## 7.2 Einen Dankesbrief schreiben und abschicken oder überbringen

Einen Dankesbrief für jemanden zu schreiben und ihn dieser Person auch zuzuschicken oder zu überbringen ist eine intensive Geste. Im Vergleich zu anderen Formen, die eigene Dankbarkeit auszudrücken, wird diese Kombination an Schritten von Personen, die ihre Dankbarkeit zum Ausdruck bringen wollen, am positivsten erlebt. Auch hat diese Form des Ausdrückens von Dankbarkeit die größten Auswirkungen auf das Wohlbefinden der dankenden Person. Gleichzeitig hat sich gezeigt, dass die Empfänger:innen solcher Briefe sich in der Regel deutlich mehr über diesen freuten, als die Absender:innen es erwartet hatten.

Wenn Sie dies so hören, fällt Ihnen womöglich direkt eine Person ein, der gegenüber Sie Ihre Dankbarkeit so zum Ausdruck bringen möchten. Vielleicht mögen Sie auch nochmals einen Blick auf Ihren Ressourcenstammbaum oder Ihr soziales Unterstützungsnetzwerk werfen: Gibt es da eine Person, gegenüber der Sie spontan Ihre Dankbarkeit so auszudrücken möchten? Dies können natürlich für Sie zentrale Personen sein; vielleicht passt diese Dankbarkeitsgeste aber für Sie auch besser zu einer Person, die Ihnen gerade nicht so nahesteht – und die deshalb womöglich gar nicht mitbekommt, wie Sie sonst Ihre dankbare Anerkennung ausdrücken. Oder es handelt sich um eine Person, bei der Sie nie so richtig Gelegenheit hatten, ihr danke zu sagen.

Wählen Sie also bitte eine Person aus, an die Sie gern einen Dankesbrief schreiben möchten, und bei der Sie sich auch vorstellen können, diesen abzusenden oder zu überbringen. Erfahrungsgemäß wissen Menschen, die sich zu einem solchen Dankbarkeitsbrief entscheiden, in der Regel gut, wofür sie der Person dankbar sind. Manchmal kann es sinnvoll sein, noch zu überlegen, welche Eigenschaften die andere Person mitbringt, die zu Ihrem Dankbarkeitsgefühl geführt haben, und diese direkt zu benennen. Abbildung 4 zeigt ein Beispiel für solch einen Brief.

Dieser Brief bedarf keiner weiteren Worte. Sie können sich vorstellen, dass das Schreiben des Briefes mit viel Rührung aufseiten von Marie verbunden war – und Else hat sich sehr gefreut.

Liebe Else,

wahrscheinlich ist es für Dich etwas überraschend, dass ich Dir diesen Brief schreibe, da wir uns ja nun schon längere Zeit nicht mehr gesehen haben. Ich habe aber häufiger an Dich gedacht und mich darüber gefreut, dass ich Dich kenne. Ich möchte Dir an dieser Stelle speziell und endlich aber noch „Danke!" sagen für Deine Unterstützung in der Zeit, als ich erfuhr, dass ich die Operation wegen meines vermuteten Blasenkrebses haben werde. Wie Du so gut verstanden hast, war ich in dieser Zeit völlig von der Rolle, ängstlich, verzweifelt und auch hilflos. Du bist damals aktiv auf mich zugegangen, hast mich gefragt, wie es mir geht. Du hast mir den Raum gegeben, darüber zu sprechen, und mir geholfen, mich nicht weiter zurückzuziehen. Die meisten Menschen in meinem Umfeld haben sofort versucht, mich zu beruhigen und eher abzuwiegeln. Du hast es dagegen ausgehalten, dass ich meine ganzen Ängste mal aussprechen konnte und hast das einfach so stehen lassen. Ich habe mich viel weniger alleine gefühlt als bei den Leuten, die gleich den Deckel drauf machen wollten. Gleichzeitig bist Du nie zu einer „aufdringlichen Kümmerin" geworden, sondern warst zurückhaltend, aber auf kleine Zeichen hin dann da.

Ich bin Dir dafür sehr dankbar, für Dein echtes Interesse an mir, für Deine Ruhe, Deinen Mut, Deine Sensibilität und dass Du meine Not ausgehalten hast.

Bleib wie Du bist – und lass uns doch mal wieder treffen.

Deine Marie

**Abbildung 4:** Dankesbrief von Marie

# 8 Nachwort

Damit sind wir am Ende des Ratgebers angekommen. Wir hoffen, dass Sie sich auf unsere einseitige Ausrichtung auf Ihre Möglichkeiten und guten Eigenheiten einlassen und davon profitieren konnten. Und wir hoffen auch, dass wir deutlich machen konnten, dass es uns nicht um eine absolute Ausrichtung auf Ressourcen und Resilienz geht, sondern darum, Ihnen zu vermitteln, Ihren schon gut gefüllten „Werkzeugkoffer" genauer zu erforschen und (noch) häufiger einzusetzen. Es steht nämlich außer Frage, dass es auch bei Ihnen viele Ressourcen und resilientes Verhalten gibt – und dies verdient Respekt. Alles Gute!

# Anhang

## Literatur

### Zitierte Literatur

Flückiger, C., Frischknecht, E., Wüsten, G. & Lutz, W. (2008). Ressourcenpriming. Veränderung der Aufmerksamkeitsfokussierung bei Novizen und erfahrenen Therapeuten zu Therapiebeginn. *Zeitschrift für Psychiatrie, Psychologie und Psychotherapie, 56,* 61-68. https://doi.org/10.1024/1661-4747.56.1.61

Gergen, M. (2001). *Feminist reconstructions in psychology. Narrative, gender, and performance*. London: Sage. https://doi.org/10.4135/9781452220482

Klinger, E. (1977). *Meaning and Void: Inner Experience and the Incentives in Peoples lives.* Minneapolis, MN: University of Minnesota Press.

Lyubormisky, S. (2018). *Glücklich sein. Warum Sie es in der Hand haben, zufrieden zu leben*. Frankfurt a. M.: Campus.

Masten, A. S. (2015). *Ordinary Magic: Resilience in Development*. New York: Guilford.

Nestmann, F. (1996). Psychosoziale Beratung – ein ressourcentheoretischer Entwurf. *Verhaltenstherapie und psychosoziale Praxis, 28* (3), 359–376.

Schürmann, J., Victor, P., Muermanns, M., Teismann, T. & Willutzki, U. (2019). Wittener Ressourcenfragebogen (WIRF). *Zeitschrift für Psychiatrie, Psychologie und Psychotherapie, 67* (3), 181–191.

Seligman, M. E. P., Steen, T. A., Park, N. & Peterson, C. (2005). Positive psychology progress: Empirical validation of interventions. *America Psychologist, 60*(5), 410–421.

Willutzki, U., Koban, C. & Neumann, B. (2005). Zur Diagnostik von Ressourcen. In J. Kosfelder, J. Michalak, S. Vocks & U. Willutzki (Hrsg.), *Fortschritte der Psychotherapieforschung* (S. 37–53). Göttingen: Hogrefe.

### Weiterführende Literatur

Diegelmann, C. & Isermann, M. (2011). *Kraft in der Krise. Ressourcen gegen die Angst*. Stuttgart: Klett-Cotta.

Gilbert, P. & Choden (2020). *Achtsames Mitgefühl. Ein kraftvoller Weg, das Leben zu verwandeln*. Freiburg i. Br.: Arbor.

Lyubormisky, S. (2018). *Glücklich sein. Warum Sie es in der Hand haben, zufrieden zu leben*. Frankfurt a. M.: Campus.

## Kontaktadresse – Online-Programm zur Resilienz-Aktivierung

Falls Sie Interesse daran haben, intensiver Ihre resilienten Fähigkeiten zu explorieren, können Sie an einem von uns gestalteten und bereits empirisch überprüften Online-Programm zur Resilienz-Aktivierung teilnehmen. Sie finden nähere Informationen unter diesem Link: https://www.uni-wh.de/fileadmin/user_upload/03_G/09_Psychologie/03_UPA/Flyer_Res-Up.pdf

# Arbeitsblätter

# **Arbeitsblatt:** Wittener Ressourcenfragebogen (WIRF)[4] 1

Jede bzw. jeder von uns hat bestimmte Stärken und Fähigkeiten (z.B. Eigenschaften oder Verhaltensweisen) – sogenannte *Ressourcen* –, auf die sie oder er mehr oder weniger bewusst bei der Bewältigung von Aufgaben zurückgreift. Im Folgenden geht es darum, *Ihre Stärken* kennenzulernen.

**Hinweise zur Bearbeitung des Fragebogens:** Auf den nächsten Seiten finden Sie Aussagen, die Ihre Ressourcen betreffen und sich auf drei verschiedene Bereiche Ihres Lebens beziehen. Überlegen Sie bitte bei der Aussage, in welchem Maße die Aussage *in dem jeweiligen Bereich* auf Sie zutrifft. Zur Einschätzung stehen Ihnen sechs Antwortmöglichkeiten zur Verfügung.

0 = trifft gar nicht zu
1 = trifft ganz selten zu
2 = trifft manchmal zu
3 = trifft häufig zu
4 = trifft meistens zu
5 = trifft völlig zu

Bei der Beantwortung des Fragebogens gibt es keine richtigen oder falschen Antworten. Es geht vielmehr darum zu erfassen, was Sie in verschiedenen Situationen tun. Bitte überlegen Sie bei der Beurteilung nicht lange. Entscheiden Sie sich möglichst spontan für *eine* der Antwortmöglichkeiten. Gehen Sie der Reihe nach vor und lassen Sie bitte keine Aussage aus.

**Vielen Dank!**

## 1. Ressourcen bei der allgemeinen Lebensbewältigung

Im alltäglichen Leben werden wir mit den verschiedensten Aufgaben und Anforderungen konfrontiert. Wir müssen unseren Alltag organisieren, dafür sorgen, dass wir unseren Tag geregelt bekommen und uns in unserer Haut einigermaßen gut fühlen. Wie wir diese Aufgaben bewältigen, ist bei jedem Menschen verschieden.

Wir möchten Sie jetzt bitten, sich in Gedanken in eine Zeit zu versetzen, in der es Ihnen gut ging bzw. geht, Sie sich wohlgefühlt haben und Vieles in Ihrem Leben so verlaufen ist, wie Sie es sich gewünscht haben bzw. wünschen.

Im Folgenden werden einige Aussagen genannt, wie Menschen mit dem alltäglichen Leben umgehen können. Im Bewusstsein „es geht mir gut“ stellen Sie sich jetzt bitte Ihren Alltag vor.

4 © Ulrike Willutzki, Philipp Pascal Victor, Jan Schürmann-Vengels, Michaela Martha Muermans und Tobias Teismann; Abdruck erfolgt mit Genehmigung der Autor:innen.

## **Arbeitsblatt:** Wittener Ressourcenfragebogen (WIRF)[4] (Forts.)

**1**

| Zu einer Zeit, *in der es mir gut ging bzw. geht, habe ich den Alltag gemeistert*, indem ... | **Trifft gar nicht zu** | | | | | **Trifft völlig zu** |
|---|---|---|---|---|---|---|
| 1. ... ich mir bei anderen Rat geholt habe. | 0 | 1 | 2 | 3 | 4 | 5 |
| 2. ... ich Aufgaben tatkräftig angepackt habe. | 0 | 1 | 2 | 3 | 4 | 5 |
| 3. ... ich mir Zeit für schöne Dinge (Hobbies, Interessen etc.) genommen habe, um neue Kraft zu schöpfen. | 0 | 1 | 2 | 3 | 4 | 5 |
| 4. ... ich mit anderen über meine Sorgen und Nöte gesprochen habe. | 0 | 1 | 2 | 3 | 4 | 5 |
| 5. ... ich mich nicht unterkriegen ließ. | 0 | 1 | 2 | 3 | 4 | 5 |
| 6. ... ich mich zeitweise durch etwas Schönes von meinen Pflichten abgelenkt habe (Kino, Essen gehen, bummeln etc.). | 0 | 1 | 2 | 3 | 4 | 5 |
| 7. ... ich Menschen an meiner Seite hatte (Partner:in, Freund:innen, Verwandte etc.), die mich unterstützt haben. | 0 | 1 | 2 | 3 | 4 | 5 |
| 8. ... ich mir einen Überblick verschafft und das Wichtigste zuerst erledigt habe. | 0 | 1 | 2 | 3 | 4 | 5 |
| 9. ... ich mir Freizeitaktivitäten gesucht habe, die mir Spaß gemacht haben (Freund:innen, Sport, Hobbys etc.). | 0 | 1 | 2 | 3 | 4 | 5 |
| 10. ... ich es mir wert war, für mich und meine Zukunft zu kämpfen. | 0 | 1 | 2 | 3 | 4 | 5 |
| 11. ... ich zwischendurch Erholungspausen eingelegt habe (Mittagsschlaf, Spaziergang, Lesen etc.). | 0 | 1 | 2 | 3 | 4 | 5 |
| 12. ... ich manche Dinge mit Humor genommen habe. | 0 | 1 | 2 | 3 | 4 | 5 |

# **Arbeitsblatt:** Wittener Ressourcenfragebogen (WIRF)[4] (Forts.) 1

**2. Ressourcen bei der Bewältigung schwieriger Situationen**

Im nächsten Schritt möchten wir Sie bitten, sich an eher schwierige Zeiten in Ihrem Leben zu erinnern. Jeder Mensch erlebt solche Zeiten. Erinnern Sie sich jetzt bitte an eine Situation, die für Sie schwierig war, die Sie jedoch erfolgreich überwunden haben, d.h. eine Situation, über die Sie heute sagen würden: „Das habe ich ganz gut gemeistert", oder „da bin ich ganz zufrieden mit mir".

Im Folgenden sind einige Möglichkeiten aufgeführt, was Menschen in schwierigen Situationen tun können. Sehen Sie sich bitte diese Aussagen an und schätzen Sie ein, inwieweit Sie dies in *gut bzw. erfolgreich gemeisterten schwierigen Situationen* genutzt haben.

| Ich habe *früher eine schwierige Situation gut bzw. erfolgreich bewältigt,* indem ... | **Trifft gar nicht zu** | | | | | **Trifft völlig zu** |
|---|---|---|---|---|---|---|
| 13. ... ich Aufgaben tatkräftig angepackt habe. | 0 | 1 | 2 | 3 | 4 | 5 |
| 14. ... ich zwischendurch Erholungspausen eingelegt habe (Mittagsschlaf, Spaziergang, Lesen etc.). | 0 | 1 | 2 | 3 | 4 | 5 |
| 15. ... ich es mir wert war, für mich und meine Zukunft zu kämpfen. | 0 | 1 | 2 | 3 | 4 | 5 |
| 16. ... ich Menschen an meiner Seite hatte (Partner:in, Freund:innen, Verwandte etc.), die mich unterstützt haben. | 0 | 1 | 2 | 3 | 4 | 5 |
| 17. ... ich mich zeitweise durch etwas Schönes von meinen Pflichten abgelenkt habe (Kino, Essen gehen, bummeln etc.). | 0 | 1 | 2 | 3 | 4 | 5 |
| 18. ... ich mich nicht unterkriegen ließ. | 0 | 1 | 2 | 3 | 4 | 5 |
| 19. ... ich mit anderen über meine Sorgen und Nöte gesprochen habe. | 0 | 1 | 2 | 3 | 4 | 5 |
| 20. ... ich mir Zeit für schöne Dinge (Hobbys, Interessen etc.) genommen habe, um neue Kraft zu schöpfen. | 0 | 1 | 2 | 3 | 4 | 5 |
| 21. ... ich manche Dinge mit Humor genommen habe. | 0 | 1 | 2 | 3 | 4 | 5 |
| 22. ... ich mir bei anderen Rat geholt habe. | 0 | 1 | 2 | 3 | 4 | 5 |
| 23. ... ich mir Freizeitaktivitäten gesucht habe, die mir Spaß gemacht haben (Freund:innen, Sport, Hobbys etc.). | 0 | 1 | 2 | 3 | 4 | 5 |
| 24. ... ich mir einen Überblick verschafft und das Wichtigste zuerst erledigt habe. | 0 | 1 | 2 | 3 | 4 | 5 |

## Arbeitsblatt: Wittener Ressourcenfragebogen (WIRF)[4] (Forts.) 1

### 3. Ressourcen im Zusammenhang mit aktuellen Problemen

Im Moment haben Sie wahrscheinlich auch Schwierigkeiten, die Sie bearbeiten wollen (evtl. mit Unterstützung durch eine Therapie). Auch das ist eine besondere Situation, mit der jeder Mensch unterschiedlich umgeht. Das heißt, dass Menschen auch hier Ressourcen, über die sie verfügen, unter Umständen nutzen. Dies kann den Umgang mit aktuellen Problemen (und auch eine Therapie) beeinflussen.

Im Folgenden sind verschiedene Aussagen aufgeführt. Beurteilen Sie bitte, wie sehr diese Aussagen für Sie bei Ihrer *aktuellen Problematik* (und ggf. der Behandlungssituation) zutreffen.

| Mit meinen *aktuellen Schwierigkeiten und Problemen* gehe ich um, indem ... | **Trifft gar nicht zu** | | | | | **Trifft völlig zu** |
|---|---|---|---|---|---|---|
| 25. ... ich mich nicht unterkriegen lasse. | 0 | 1 | 2 | 3 | 4 | 5 |
| 26. ... ich mir Zeit für schöne Dinge (Hobbys, Interessen etc.) nehme, um neue Kraft zu schöpfen. | 0 | 1 | 2 | 3 | 4 | 5 |
| 27. ... ich mir bei anderen Rat hole. | 0 | 1 | 2 | 3 | 4 | 5 |
| 28. ... ich Aufgaben tatkräftig anpacke. | 0 | 1 | 2 | 3 | 4 | 5 |
| 29. ... ich zwischendurch Erholungspausen einlege (Mittagsschlaf, Spaziergang, Lesen etc.). | 0 | 1 | 2 | 3 | 4 | 5 |
| 30. ... ich es mir wert bin, für mich und meine Zukunft zu kämpfen. | 0 | 1 | 2 | 3 | 4 | 5 |
| 31. ... ich mit anderen über meine Sorgen und Nöte spreche. | 0 | 1 | 2 | 3 | 4 | 5 |
| 32. ... ich mir einen Überblick verschaffe und das Wichtigste zuerst erledige. | 0 | 1 | 2 | 3 | 4 | 5 |
| 33. ... ich mir Freizeitaktivitäten suche, die mir Spaß machen (Freund:innen, Sport, Hobbys etc.). | 0 | 1 | 2 | 3 | 4 | 5 |
| 34. ... ich Menschen an meiner Seite habe (Partner:in, Freund:innen, Verwandte etc.), die mich unterstützen. | 0 | 1 | 2 | 3 | 4 | 5 |
| 35. ... ich manche Dinge mit Humor nehme. | 0 | 1 | 2 | 3 | 4 | 5 |
| 36. ... ich mich zeitweise durch etwas Schönes von meinen Pflichten ablenke (Kino, Essen gehen, bummeln etc.). | 0 | 1 | 2 | 3 | 4 | 5 |
| 37. Haben Sie den Eindruck, dass Sie durch die Befragung an Fähigkeiten, Stärken, Möglichkeiten etc. erinnert worden sind, die Sie schon fast vergessen hatten? | ☐ Ja | | | ☐ Nein | | |

## **Arbeitsblatt:** Wittener Ressourcenfragebogen (WIRF) (Forts.)

1

**Auswertung Ihrer Ressourcen:** Bitte addieren Sie die Werte der einzelnen Bereiche für die Skalen Handlungsregulation, Entspannung, Soziale Unterstützung. Für den Gesamtwert bilden Sie für den jeweiligen Bereich die Summe über die drei Skalen und teilen diese Summe durch 3. Weitere Anregungen zur Auswertung des WIRF finden Sie unter:
https://www.uni-wh.de/fileadmin/user_upload/03_G/09_Psychologie/05_Lehrstuehle/Klinische_Psychologie_I/WIRF_Fragebogen.pdf

| Bereich | Dimensionen | | | |
|---|---|---|---|---|
| | Handlungsregulation | Entspannung | Soziale Unterstützung | Insgesamt |
| 1. … im Alltag | Werte der Items 2, 5, 8, 10 und 12 addieren<br>_____ Ergebnis | Werte der Items 3, 6, 9 und 11 addieren<br>_____ Ergebnis | Werte der Items 1,4 und 7 addieren<br>_____ Ergebnis | Werte für Handlungsregulation, Entspannung und soziale Unterstützung addieren und durch 3 teilen<br>_____ Ergebnis |
| 2. … bei früherer Krise | Werte der Items 13, 15, 18, 21 und 24 addieren<br>_____ Ergebnis | Werte der Items 14, 17, 20 und 23 addieren<br>_____ Ergebnis | Werte der Items 16, 19 und 22 addieren<br>_____ Ergebnis | Werte für Handlungsregulation, Entspannung und soziale Unterstützung addieren und durch 3 teilen<br>_____ Ergebnis |
| 3. … bei aktuellen Problemen | Werte der Items 25, 28, 30, 32 und 35 addieren<br>_____ Ergebnis | Werte der Items 26, 29, 33 und 36 addieren<br>_____ Ergebnis | Werte der Items 27, 31 und 34 addieren<br>_____ Ergebnis | Werte für Handlungsregulation, Entspannung und soziale Unterstützung addieren und durch 3 teilen<br>_____ Ergebnis |

Item 37: Dichotomes Item (Ja/Nein): ________

## **Arbeitsblatt:** Ihre Tugenden und Charakterstärken

2

Welche der im Folgenden genannten Eigenschaften treffen wie stark auf Sie zu? Bitte schätzen Sie sich jeweils auf einer Skala von 1 = „Trifft überhaupt nicht zu“ bis 6 = „Trifft völlig zu“ ein. Verbinden Sie anschließend die Markierungen miteinander.

| Eigenschaften | | 1 (Trifft überhaupt nicht zu) | 2 | 3 | 4 | 5 | 6 (Trifft völlig zu) |
|---|---|---|---|---|---|---|---|
| **Weisheit und Wissen**<br>Kognitive Stärken, die den Erwerb und Gebrauch von Wissen umfassen | Neugierde | ☐ | ☐ | ☐ | ☐ | ☐ | ☐ |
| | Freude am Lernen | ☐ | ☐ | ☐ | ☐ | ☐ | ☐ |
| | Urteilsvermögen | ☐ | ☐ | ☐ | ☐ | ☐ | ☐ |
| | Kreativität | ☐ | ☐ | ☐ | ☐ | ☐ | ☐ |
| | Weitsicht | ☐ | ☐ | ☐ | ☐ | ☐ | ☐ |
| **Mut**<br>Emotionale Stärken, mittels derer mit Willenskraft innere und äußere Hindernisse bei der Zielverfolgung überwunden werden | Tapferkeit | ☐ | ☐ | ☐ | ☐ | ☐ | ☐ |
| | Ausdauer | ☐ | ☐ | ☐ | ☐ | ☐ | ☐ |
| | Ehrlichkeit | ☐ | ☐ | ☐ | ☐ | ☐ | ☐ |
| | Tatendrang | ☐ | ☐ | ☐ | ☐ | ☐ | ☐ |
| **Menschlichkeit und Liebe**<br>Zwischenmenschliche Stärken, die liebevolle menschliche Begegnungen ermöglichen | Menschenfreundlichkeit | ☐ | ☐ | ☐ | ☐ | ☐ | ☐ |
| | Soziale Intelligenz (sich eigener und der Motive anderer bewusst sein) | ☐ | ☐ | ☐ | ☐ | ☐ | ☐ |
| | Lieben und sich lieben lassen | ☐ | ☐ | ☐ | ☐ | ☐ | ☐ |

## **Arbeitsblatt:** Ihre Tugenden und Charakterstärken (Forts.) 2

| **Eigenschaften** | | Trifft überhaupt nicht zu | | | | | Trifft völlig zu |
|---|---|---|---|---|---|---|---|
| | | 1 | 2 | 3 | 4 | 5 | 6 |
| **Gerechtigkeit**<br>Stärken, die das Gemeinwesen fördern | Gerechtigkeit | ☐ | ☐ | ☐ | ☐ | ☐ | ☐ |
| | Fairness | ☐ | ☐ | ☐ | ☐ | ☐ | ☐ |
| | Führungsvermögen | ☐ | ☐ | ☐ | ☐ | ☐ | ☐ |
| | Fähigkeit zur Teamarbeit | ☐ | ☐ | ☐ | ☐ | ☐ | ☐ |
| **Mäßigung**<br>Stärken, die Exzessen entgegenwirken | Selbstkontrolle und -regulation | ☐ | ☐ | ☐ | ☐ | ☐ | ☐ |
| | Vorsicht | ☐ | ☐ | ☐ | ☐ | ☐ | ☐ |
| | Bescheidenheit | ☐ | ☐ | ☐ | ☐ | ☐ | ☐ |
| | Bereitschaft, anderen zu vergeben | ☐ | ☐ | ☐ | ☐ | ☐ | ☐ |
| **Transzendenz**<br>Stärken, die Sinn stiften | Sinn für das Schöne und Besondere | ☐ | ☐ | ☐ | ☐ | ☐ | ☐ |
| | Dankbarkeit | ☐ | ☐ | ☐ | ☐ | ☐ | ☐ |
| | Hoffnung | ☐ | ☐ | ☐ | ☐ | ☐ | ☐ |
| | Spiritualität (Überzeugungen über einen höheren Sinn des Lebens haben) | ☐ | ☐ | ☐ | ☐ | ☐ | ☐ |
| | Humor | ☐ | ☐ | ☐ | ☐ | ☐ | ☐ |

## **Arbeitsblatt:** Mein Kreis an sozialen Unterstützer:innen **3**

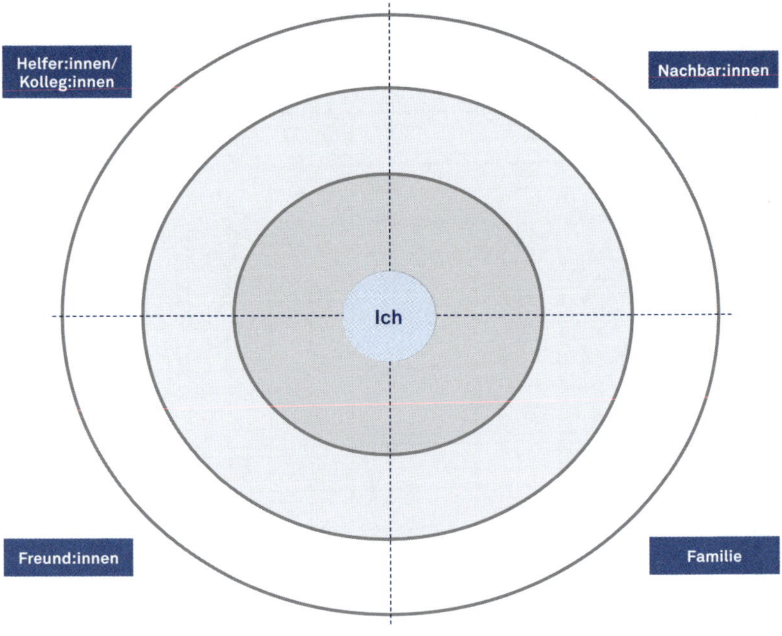

# Lesetipps für Sie

M. Steeneveld

**Stress bewältigen, Herausforderungen meistern**

So stärken Sie Optimismus, Hoffnung, Resilienz und Selbstvertrauen

Optimismus, Hoffnung, Resilienz und Selbstvertrauen – diese vier positiven Eigenschaften helfen Ihnen, besser mit Stress, Herausforderungen und Rückschlägen umzugehen. Auf Grundlage der Positiven Psychologie und anhand vieler praktischer Übungen unterstützt Sie dieses Buch dabei, diese Ressourcen bei sich zu stärken.

*2024, 188 Seiten, Kleinformat, € 24,95 (DE) / € 25,70 (AT) / CHF 34.50, ISBN 978-3-8017-3229-5**

G. Jansen

**Leben – so wie Sie es eigentlich wollen**

Mehr Selbstakzeptanz entwickeln mithilfe von ACT

Wie können wir unsere sorgenvollen Gedanken über uns und die Welt, in der wir leben, loslassen? Dieser Ratgeber zeigt Schritt für Schritt und auf Basis der Akzeptanz- und Commitment-Therapie (ACT), wie Sie sich von Ihren negativen Gedanken und Ängsten distanzieren können.

*2022, 141 Seiten, Kleinformat, € 16,95 (DE) / € 17,50 (AT) / CHF 23.90, ISBN 978-3-8017-3101-4**

J. P. Klein / R. Burian

**Ratgeber Akzeptanz- und Commitment-Therapie (ACT)**

Wege zu einem sinnerfüllten und lebendigen Leben

Reihe: Ratgeber zur Reihe Fortschritte der Psychotherapie, Band 57

Der Ratgeber vermittelt Ihnen, wie Sie angesichts von Problemen und Belastungen handlungsfähig bleiben können, indem Sie anfangen, wieder Dinge zu tun, die Ihnen am Herzen liegen. Auf diese Weise wird oftmals ein sinnerfülltes und lebendiges Leben wieder möglich.

*2024, 126 Seiten, Kleinformat, inkl. Online-Materialien, € 14,95 (DE) / € 15,40 (AT) / CHF 21.50, ISBN 978-3-8017-3216-5**

** Dieser Titel ist auch als eBook erhältlich.*

www.hogrefe.com

hogrefe